Wie wir unsere Zeit verbringen

Besinnliches von Bernd Schmid

Essays

© 2021 Bernd Schmid

Autor: Bernd Schmid
Fotografien: Bernd Schmid
Gestaltung: Bettina Gentner
Verlag: tredition GmbH, Halenreie 40-44, 22359 Hamburg

ISBN: 978-3-347-33044-3 (Paperback)
         978-3-347-33045-0 (e-Book)

Bibliografische Information der Deutschen Nationalbiblio-thek:

Die Deutsche Nationalbibliothek verzeichnet diese Publika-tion in der Deutschen Nationalbibliografie; detaillierte bib-liografische Daten sind im Internet über http://dnb.d-nb.de abrufbar.

Wie wir unsere Zeit verbringen

Besinnliches von Bernd Schmid

Essays

Inhaltsverzeichnis:

*Aus so krummem Holze, als woraus der Mensch
gemacht ist, kann nichts ganz Gerades gezimmert
werden.* (Immanuel Kant)

*Finde heraus, aus welchem Holz Du bist
und mache etwas Eigenes daraus*[1].

Vorwort

In meinen jungen Jahren (1976 -Bild auf der Rückseite)
während eines Kongresses in San Francisco wohnten
wir bei einem anderen Teilnehmer, der dort zuhause
war. In freundlicher Hippie-Manier überließ er uns,
ohne uns zu kennen, einen Platz auf dem superwei-
chen Teppichboden seines Appartements und später
sein altes Auto für einen Ausflug ins Death Valley. Wir
fanden ihn in seiner großzügigen Gelassenheit faszinierend. Und meist kam er, wenn etwas Fragwürdiges
oder Mühsames anstand, zu dem Schluss: „Life is too
short for that!".

Heute, Jahrzehnte danach, werde ich gelegentlich als
genügend gereift angesehen, dass man mir Fragen
stellt, wie ich Entwicklungen einschätze, wie im Leben
Sinn gefunden, wie Glück und Zufriedenheit erlangt
werden können. Anlass dafür ist in der Regel, dass sich
Menschen irgendwie „unrund" fühlen, nach Orientierung suchen, sich fragen, ob sie auf dem richtigen

---

[1] Bernd Schmid *Originalton*, siehe Quellverweis im Buchanhang.

Weg sind, mit den richtigen Herausforderungen ringen oder vielleicht was ganz anderes brauchten. Viele Menschen haben das Bedürfnis, ihrem Leben mehr Sinn zu geben, so zu leben und zu wirken, dass sie am Ende einverstanden sein können. Ich sehe mich hier selbst als lernend, bemerke aber auch, dass ich andere beim Umgang mit diesen Fragen unterstützen kann.

Am Ende gibt es nicht wirklich Antworten, schon gar keine richtigen für alle, nur bessere Fragen und anderes Erleben. Wenn die offenen Fragen weniger bedrängen, wenn man sich versöhnt und trotz aller Widrigkeiten auch heiter fühlt, wenn man etwas zurücktreten und sich dem Zauber des Lebens mehr öffnen und die vielen, meist kleinen Freuden genießen kann, hat man sich im Wesentlichen gefunden.

In dieser Schrift erzähle ich von besinnlichen Momenten und skizziere Ansichten und zu welcher Lebensorientierung ich gekommen bin. In Kapitel 40 fasse ich vieles zu einer etwas mehr geordneten Darstellung zusammen. Die Abbildungen sind aus meinem Fotoarchiv und dem Text assoziativ zugeordnet.

Ich danke allen, die mich mit ihrem Besinnen inspiriert, sich in unzähligen Gesprächen mit mir ausgetauscht haben, den Weggefährten auf der Reise. Auch danke ich denen, die bei Gestaltung dieser Schrift mitgewirkt haben, insbesondere Bettina Gentner für Layout und Graphik.

Wiesloch im Mai 2021 Bernd Schmid

1. Krähen ...

Wenn ich frisch bin, noch nicht ganz an den Tag verloren, fliegen mich Gedanken, Bilder und Worte an. Es ist, als würde ich neben einem noch rauchenden Lagerfeuer erwachen - von den ersten Sonnenstrahlen geweckt. Und vor mir sitzt eine Krähe, mit perlend schwarzem Gefieder -geschäftig und mich beäugend. Ich realisiere sie erst allmählich. Ich spüre, da sind auch noch andere. Ich setze mich vorsichtig auf und schaue mich um, Beiläufigkeit beibehaltend. Krähen haben eine unvergleichliche Art herumzustöbern - irgendwo in Momenten und aus Zeiten sonst. Und sie schauen mich an -so von unten mit geneigtem Kopf.

Dann ist es an der Zeit, den Tag zu beginnen, mich der Welt mehr zuzuwenden. Das Feuer wird wieder ge-

schürt, die Sonne steigt auf und die Krähen sind weg-
geflogen. Ihr *Krah Krah* hallt noch irgendwo.

2. Inspiration

Manchmal küsst mich die Muse. Zuerst bin ich ergriffen von einer Einsicht in Zusammenhänge, von mir
bedeutsamem Aufscheinen von Hintergründen, eine
Verbindung zu Sphären und Welten, die mir so noch
nicht klar gewesen ist.

Manchmal spreche ich dann direkt mit Menschen in
meiner Umgebung. Die Erkenntnisse, besser die Be-
wegtheit durch Verstehen von Zusammenhängen,
etwas, was ich unterschwellig schon irgendwie wuss-
te, tritt klar in den Vordergrund, kommt frisch rüber.
Eine Atmosphäre der Inspiration, dem Erhoben sein
durch Anteilnahme an so wichtigen Einsichten und

Erfahrungen ist ansteckend. Dann setze ich mich hin und will genau das festhalten. Und dann gerinnt es zu Aussagen, die nicht mehr tragen. Asche! Das Feuer ist schon erloschen.

Manchmal lasse ich, durch Erfahrung gewitzt, gleich bei den frischen Gesprächen oder im Seminar ein Tonband mitlaufen. Und tatsächlich ist es danach leichter die Bahn sprachlich nachzuzeichnen, die sich der Gedankenfluss gesucht hat. Die Frische dieser Bewegung erzeugt beim Schreiben neue Gedanken. Damit sie nicht wegsprudeln, müssen sie in Worte gefasst werden. Ein weiterer Strom entsteht und die Gedanken folgen dem sich neu bahnenden Bett. Dort vermischen sie sich mit den Gedanken auf dem Tonband, doch in neue Worte gefasst, in andere Zusammenhänge verschoben, orientiert an anderen Horizonten.

Oft kommen mir die Gedanken schon morgens unter der Dusche. Es ist, als würden die unterschwelligen Denkvorgänge des letzten Tages und der Nacht gerade jetzt auftauchen und sich in Worten fassen. Ich weiß, dass es dann Zeit ist, mich gleich hinzusetzen, um sie in aller Frische festzuhalten. Es ist oft besser, wenn ich sie nicht vorher formuliere. Sie schweben um mich herum. Ich habe ein paar Wörter als Bojen für das Fischernetz, dessen Ausdehnung unter Wasser ich nicht kenne. Dann, so wie ich mit dem Aufschreiben vorankomme, hole ich es allmählich ein und lasse mich vom Auftauchen des Fanges überraschen.

Ich habe gelernt diesem Vorgang einen Rhythmus zu geben. Manchmal schien das Netz oder der Fang zu groß und mir gingen die Kräfte aus, bevor ich den Fang einbringen konnte. Zu groß, zu weit schweifend, zu viele Ebenen, noch nicht die richtigen Worte. Früher überschwemmten mich oft die Gedanken, bevor ich bereit war, den Fang einzuholen und weiterzuverarbeiten. So ging vieles verloren und mancher Fisch fand den Weg zurück ins Wasser, ohne dass ich ihn auch nur richtig zu Gesicht bekommen hätte.

Doch schaffe ich heute meist äußeren Raum und hole die Ernte soweit ein, dass ich sie frisch konservieren kann, so, dass ich sie auch nach Tagen noch verwerten kann. Und verbessern: etwas mehr Systematik und Treffsicherheit in den Worten, etwas mehr ausgewogenes Maß in den Urteilen, etwas mehr Abstand und Offenheit in den Aussagen, Ausdruckslebendigkeit und Bescheidenheit.

Dann entstehen Texte, in denen zumindest ich mich auch nach Jahren noch gerne wieder finde. Und die einen Kreis von Menschen um mich erreichen.

3. Das Weiche und das Harte

Jedem sind schon Sinnsprüche begegnet, die darauf hinweisen, dass das Weiche, bewegliche gegenüber dem Harten, starren auf Dauer Oberhand gewinnt. Wasser ist scheinbar Kontur- und Formlos und doch ein Lebensentscheidendes Element, gerade wegen seiner Fähigkeit, sich überall einzupassen, alles zu durchdringen und sich zu wandeln. Soweit hoffnungsvoll, wenn man sich selbst am Starren aufreibt. Der Grashalm ist stark gerade dadurch, dass er sich im Wind biegt. So ermutigen wir uns, wenn wir nicht standhalten können oder wollen. Solche philosophischen Gedanken trösten oder helfen zu verstehen, wie Leben zu Zivilisation steht. Erbaulich und den meisten eben auch schon vertraut! Und doch will ich da noch eigenes Erleben beitragen, eine Verwunderung, die mich schon mehrfach ergriffen hat. Vielleicht hat irgendeine Wissenschaft da auch Antworten und ich kenne sie bloß nicht.

Da treibt aus einer Betonplatte eines wenig genutzten Weinbergweges eine Pflanze oder wie jetzt wieder bei uns eine kleine Nachtkerze aus dem Asphalt. Die Asphaltdecke ist Zentimeter dick. Ich sehe aber keine Lücke, durch die dieser Spross geschlüpft sein kann, sondern er scheint sich selbst den Weg gebahnt zu haben. Rund um die Austrittstelle ist der Asphalt ein wenig aufgewölbt wie man das von kriminaltechnischen Bildern von Durchschüssen kennt.

Wie kann das sein? Ich berühre vorsichtig mit dem Finger das grüne Blatt, den weichen Stängel und frage mich, wie das so Zarte das Harte durchdrungen haben soll.

Ich weiß nicht, ob es da einen sinnvollen Bezug gibt, aber da fällt mir eine andere Erfahrung ein.

Ich bin in einer Bildungsinstitution als Beirat tätig. Hier hemmen viele institutionelle Verkrustungen, Gewohnheiten und liebgewordene Privilegien den dringend notwendigen Durchbruch zu zeitgemäßer, lebendiger Bildung und erneuernden Prozessen. Irgendwie finden viele, dass sich ganz Neues Raum schaffen sollte und in Einzelgesprächen kann man neben dem so genannten Realismus auch Ideale und Träume der Menschen erfahren. Wenn man sich in Gremiensitzungen auf alle „Sachzwänge" einlässt, drohen diese zarten Pflänzchen schnell zu ersticken.

Bestenfalls suchen sie sich irgendwelche Nischen jenseits der Hauptwege.

Nun bin ich ja auch Unternehmer und nicht gerade Weltfremd unterwegs, aber ich finde mich in solchen Kontexten unversehens in der Ecke für Träumer wieder.

Vielleicht hat das wirklich keinen Bezug zu dieser Nachtkerze. Beide Erfahrungen sind mir halt zusammen in den Sinn gekommen.

4. Vom langen Mut

Vor kurzem begegneten mir wieder unsere 70er Jahre und das Gedicht von Bert Brecht: „An die von Nachgeborenen". Es hat mich berührt. Was hätte ich anstelle

Brechts zu sagen? Mein leider längst verstorbener Freund Gerhard Portele hat oft von Brecht und von der langen Wut gesprochen. Mutter Courage: *„Ihre Wut ist nicht lang genug, mit der können Sie nix ausrichten, schad."*

Nun weiß ich nicht, ob es heute *Wut* braucht. Hat sie bislang viel gebracht? Wird nicht eh zu viel polemisiert und polarisiert? Wird nicht in breiten Kreisen chronisches Schwelgen in Empörung und Wüten eh zu viel gepflegt? Von den Wütenden damals sind immerhin auch viele zur Vernunft gekommen, haben auf ihrem langen Marsch gelernt und gewirkt ohne ihre Leitsterne aus den Augen zu verlieren.

Ich halte es eher mit *Mut*, also der Haltung, mit der wir kritischen Situationen mit Kraft und Zuversicht begegnen können. Und langer Mut? Was könnte das meinen? Ist nicht jeder hin und wieder mutig, wächst über Kleinmut hinaus und tritt für das Größere oder das Verletzliche ein? Doch, bestimmt. Und wie geht es dann weiter? Wie oft habe ich geglaubt, dass mein Engagement -mit zumindest kleinem Mut- unmittelbar Bewegung auslösen müsste und sich die Verhältnisse schon bald ändern würden. Und dann geschah nichts oder lange nichts und dann doch ein bisschen was, Resonanz bei einigen, zumindest teilweise und in etwa in der Richtung, die ich mir vorgestellt hatte, ... oft erst viele Jahre später. *Der Samen der besseren Ideen muss meist lange auf den Pflug des Umbruchs warten*[2].

---

[2] Bernd Schmid *Originalton*, siehe Quellverweis im Buchanhang.

Da muss man geduldig sein, Langmut entwickeln und dranbleiben, trotz vermeintlichem Stillstand nicht einschlafen, sondern alert bleiben, vorbereitet, wenn der Wind sich endlich dreht. Das ist nicht so einfach, zumal ein Thema oft erst dann Kraft bekommt, wenn man selbst schon woanders ist. Oft ist es wie Samen in den Wind streuen und halt irgendwie auf Wirkung hoffen. Oft entdeckt man erst später, dass doch etwas gewachsen ist -meist eher beiläufig. Wer kennt es nicht, dass einem Jahre später fast zufällig erzählt wird, wie wichtig ein Impuls, eine Hilfestellung waren. Nicht so leicht daraus Mut zu schöpfen. Und doch macht Engagement Sinn, und Passionen halten uns in Gang.

Wir sind biologische Wesen und das beschert uns Leidenschaften. Und Sinnsuchende Wesen sind wir auch. Und Sinn kann ohne Leidenschaften kaum empfunden werden? Wie sollen Menschen aber herauskristallisieren, was sie wirklich treibt? Danach lohnt sich, das eigene Leben zu befragen. Maschinen brauchen sowas nicht. Denn wir wären ohne Passionen verloren, wüssten nicht wer wir sind und was wir sollen. Ein Segen, wenn uns etwas wirklich umtreibt, auch wenn es sich noch in unerlöster Form zeigt. Toll, wenn man so seinem Genius auf die Spur gekommen ist. Ab dann geht es ums Balancieren zwischen heißem Engagement und Apathie.

Mit dem stoischen Ideal der Apathia ist weniger Abgestumpft Sein und Gleichgültigkeit gemeint, sondern gelassenes Engagement. Nicht zufällig ist *Vortrefflichkeit* ein weiterer Wert im stoischen Menschenbild, also Tugend oder Kompetenz. Als „didaktische Orientierung" diente den Stoikern die Metapher vom Ei. Die Schale steht für Wissen und Vernunft, Eiweiß für Ethik und Lebenskunst und Dotter für die reale Welt draußen. Für Charakterschulung gehört alles zusammen. Ohne Vernunft und Kompetenz keine tragfähige Ethik, ohne ethische Ausrichtung weder Vernunft noch verantwortliche Kompetenz! Ohne Bewährung im konkreten Leben keine Fruchtbarkeit.

Vernunft ist in unseren Sphären ohne Denkschulung nicht zu haben. Unsere Denkschemata immer wieder infrage zu stellen, kann harte Arbeit bedeuten. Geht es nicht leichter? Man fühlt doch, was richtig ist. Für Stoiker sind Gefühle *Meinungen*. Gefühle sind mit Urteilen und Weltbildern verbunden und insofern zu verantworten. In den 70er-Jahren hat man uns beigebracht, alle Gefühle für natürlich zu halten und uns an ihnen zu orientieren, wohl ein Irrweg. Schon das griechische Theater habe wesentlich der Gefühlserziehung des Volkes gedient. Lernen bei Gefühlen würde für einen praktizierenden Stoiker z.B. bedeuten, Ängste vor einem Flugzeugabsturz ab- und vor der Umweltbelastung durch Fliegen aufzubauen. Letzteres tritt mit höchster Wahrscheinlichkeit ein, ist für Menschen gefährlich und man kann etwas tun.

Es geht auch um ein neues Verständnis von Problemen. Entwicklungskonflikte verschwinden durch Lösungen meist nicht. Sie sind eher verlagert, hoffentlich auf eine weiterführende Ebene.

„I'm still myself, but on a higher level!' [3]

Und ganz nebenbei wollen wir auch ein gutes Leben, zumindest Inseln der Unbeschwertheit haben. Lebenskunst zwischen Skylla und Charybdis. Auf der einen Seite Untergangstimmung, die schwermütig und zynisch machen kann, auf der anderen Seite Schönfärberei und Schwärmerei, die zu „glückseliger Dummheit" führen kann. Für den Kurs dazwischen brauchen wir viel langen Mut.

5. Horizonte

---

[3] Bernd Schmid *Originalton*, siehe Quellverweis im Buchanhang.

Eigentlich habe ich auch Glück gehabt.

So hatte ich das Glück, dass mir meine persönlichen Horizonte meist weiter schienen als die meines Umfeldes bzw. ich mir andere Horizonte nur selten zum Maßstab machen musste. So steuerte ich meinen (frei-)beruflichen Flieger meist in dem Bewusstsein, überall hinzureichen, wo ich eine interessante Landschaft sah und mich auf einen Horizont zu zu bewegen, hinter dem Neu-Land zu entdecken war.[4]

Dieser verschob sich zwar, je weiter ich kam und je mehr Höhe ich gewann, schien mir aber immer irgendwie dafür geschaffen zu sein durch mich erobert zu werden. Diese Vorstellungen weckten in mir schöpferische Lust und ein wachsendes Selbstbewusstsein als Pionier neues zu erschließen. Natürlich hatte ich wie alle Menschen auch Frustrationen zu erleiden und Niederlagen zu ertragen. Doch blieb die Pionieridentität vorherrschend und die Rückschläge und fehlende Resonanz gehörten eben dazu.

Natürlich waren diese Selbstbilder in einer Weise trügerisch und einiges müsste im Nachhinein einem Stadium der unbewussten Inkompetenz zugerechnet werden, doch gaben sie Kraft, Selbstvertrauen und Ausstrahlung in relevante Kreise hinein. Die Ansprüche aus den Welten, in denen ich mich bewegte, waren in den 70er und 80er-Jahren auch noch nicht so hoch oder ich bewegte mich eben in Welten, die für mich attraktiv waren und in denen eher ich mithalf

---

[4] www.coaching-magazin.de/portrait/interview-bernd-schmid

höhere Standards zu etablieren. So hatte ich günstige Bedingungen, um mit meinem etwas gehobenen Mittelmaß einen etwas herausgehobenen Weg zu beschreiten.

Ohne Zweifel haben es viele Professionelle heute schwerer, die von vorne herein mit viel höheren und komplexeren Ansprüchen konfrontiert sind und weit mehr damit zu tun haben, überhaupt mithalten zu können.

Rückblick:

Meine Mutter war Schneidermeisterin mit eigenem Betrieb und stammte aus einem zerbrochenem Juristen-Zuhause mit geistigen Interessen. Zu meinen Erinnerungen als Bub gehört, mit welcher Sehnsucht sie Taillard de Chardin erwähnt hat.

Mein Vater war technischer Leiter einer Kleinmöbelfabrik. Er stammte aus einem handwerklichen Milieu, das sich in die kleinindustrielle Welt hinein entwickelte. Intellektuelle Interessen gab es da nicht, wohl aber ein eher stilles Sinnieren über die Dinge.

Ich stamme also nicht gerade aus einer gebildeten Familie. Bildungsfern wäre auch falsch. Halt so Mittelmaß. Wir hatten Bücher zuhause, die allerdings kaum gelesen wurden. Wir beiden jüngeren Buben durften uns im neusprachlichen Gymnasium in einem Kleinstadtmilieu durchschlagen. Immerhin fand ich Freude am Schultheater und suchte meine Bewährungen eher außerhalb, sei es als begeisterter Reiter oder als Leader einer Provinz-Beat-Band.

Meine Geschwister beschritten beruflich eher technisch-naturwissenschaftliche Wege. Ich studierte Wirtschaftspädagogik. Durch Zufall und Neigung driftete ich mehr und mehr Richtung Erziehungswissenschaften und Psychologie, um schließlich in diesen Fächern zum Doktor der Philosophie zu promovieren.

Mit einem Selbstverständnis als akademischer Philosoph hatte das allerdings nicht viel zu tun. Meine Interessen, zu hinterfragen richteten sich ganz auf die Bereiche, die ich mir nach und nach erschließen konnte; Hochschuldidaktik, Gruppendynamik und Psychotherapie. Zu den Gesellschaftsfragen führte mich die Freundschaft mit dem deutlich älteren Soziologen Gerhard (Heik) Portele. In seinem Schlepptau durfte ich an meiner ersten Veröffentlichung im sozialwissenschaftlichen Bereich mitwirken[5].

Den Lebensphilosophischen Fragen begegnete ich durch die Schicksale, die ich als Psychotherapeut kennen lernen durfte. Ich machte mir dazu meinen eignen Gedanken, die immer häufiger über die Horizonte, die aus meinen Weiterbildungen nahe lagen, hinausführten. Viel Hinterfragen und eigene Antwortversuche wurden auch dadurch ausgelöst, dass ich mich immer wieder an Konventionen verschiedener Schulen und

---

[5] B. Schmid / G. Portele Brechts Verfremdungseffekt und soziales Lernen. Zeitschriftenveröffentlichung, 1976.

Verbände, an eher dogmatischen Berufs- oder Wissenschafts-Vorgaben rieb.

Und dann?:

Ich habe seit vielen Jahren zunehmend das Bedürfnis und die Zeit, mich jenseits der aktuellen Gestaltungsfragen mit Philosophie, Gesellschaftsfragen und Literatur zu befassen. Das führte dazu, dass ich wahrnahm, wie überwältigend umfangreich und qualifiziert sich auch andere mit meinen Themen auseinandergesetzt haben. Ich entdeckte, dass die Fragen, die mich beschäftigten, schon viele Generationen und herausragende Denker vor mir beschäftigt haben, dass Erkenntnisse, zu denen ich gelangt bin, zum Grundbestand kultureller Einsichten gehören.

Solche Horizonte begeistern mich. Sie entmutigten mich auch, aber nur gelinde, weil ich in meinem Feld so etabliert bin, dass ich das Pioniergefühl nicht mehr so für mein Selbstverständnis brauche. Ja es gibt mir sogar eine gewisse Befriedigung, mich in größere Diskussions- und Reflexionsströme einzubinden. Allerdings bekam ich auch mehr Skrupel, mich zu großen Fragen öffentlich zu äußern.

So recht betrachtet, war ich froh, dass mir die Unschuld nicht früher genommen wurde, und mir die Enge meiner Horizonte nicht bewusst war. Woher hätte ich bei meiner Biographie und mit meiner Ausstattung den frischen Mut und die Gestaltungsfreude nehmen sollen? Da fällt mir eine Erzählung ein, die mir im Gedächtnis hängen geblieben ist.

Ein Hirte klopfte an die Hinterpforte des Sultan-Palastes eines Wüstenstaates. Nach seinem Anliegen gefragt, erklärte er, er habe eine Quelle mit so frischem Wasser gefunden, wie es sonst nirgends zu finden wäre. Er wolle dem Sultan davon bringen, da nur dieser dieses Wassers würdig wäre. Er wurde vorgelassen. Der Sultan nahm die Huldigung dankend entgegen und würdigte seinerseits die Einmaligkeit des Geschenkes und seinen Untertan. Er war ein weiser und gütiger Herrscher und veranlasste, dass der Hirte auf demselben Wege wieder hinausbegleitet wurde. Er sollte die herrlichen Brunnen und Wasserspiele des Palastes nicht sehen.

6. Muse?

Aber, ehrlich gesagt, wenn ich mal um 19h zuhause bin, weiß ich gar nicht, was ich tun soll.

So oder so ähnlich höre ich das immer wieder.

Oder: Ich bin meist 5 Tage die Woche unterwegs. So 60 – 70 Stunden sind normal, und das ist nicht alles, was ich tun muss. Aber ich will ja auch sonst noch was vom Leben haben. Doch wenn ich mal was anderes probiere, erfüllt es mich nicht wirklich. Dann hänge ich eben vor dem Fernseher.

Titanics nennen wir Hochengagierte, wenn wir uns Sorgen machen. Kurs halten! Wer weiß schon, was für ein Gebilde das am Horizont ist. Die anderen auf der

Brücke machen es doch genauso. Und auf wen sonst wäre man bereit zu hören, solange es nicht knirscht?

Was soll man einem Menschen sagen, der ein solches Unwohlsein, einen Mangel benennt? Erstmal vorsichtig klären, ob es wirklich das eigene Empfinden ist. Oder sind es übernommene Ansprüche, die auch noch erfüllt werden sollen? Das Leitbild unserer Zeit ist der Athlet, meint Sloterdijk.[6] Müssen wir nun auch noch in Sachen Muse unser Leistungssoll erbringen? Vielleicht sollte man das in einer sehr belasteten Phase seines Lebens nicht erwarten. Ist Erholung irgendwie nicht schon genug? Wer auf dem Treppchen stehen will, muss sich seiner Disziplin ganz widmen. Dennoch: Was ist das richtige Maß? Muss nicht, wer seine Knochen heil ins Alter bringen will, rechtzeitig kürzertreten, anderes Leben lernen?

Vielleicht erstmal anerkennen, dass bei intensiver Lebensweise in einem Bereich Empfänglichkeit für andere Lebensgenüsse kaum möglich ist. Möglicherweise hat ein eh überfülltes Arbeitsleben eben keinen Raum für Weiteres. Zumindest nicht auf die Schnelle. Arbeiten geht immer. Man hat sich so daran gewöhnt. Und immer noch besser als die Leere danach. Statt schwieriger Landung lieber noch mehr Gas geben, die Flughöhe halten. Doch was, wenn der Sprit zu Ende geht? Es ist ein eigener Lernprozess, nach Kräftezehrendem Höhenflug wieder gut zu landen, sich andere Lebensräume wieder zu erschließen. Auch wenn die

---

[6] Sloterdijk, Peter: Du mußt dein Leben ändern. Über Anthropotechnik. Suhrkamp, Frankfurt am Main 2009.

eine oder andere Motivklärung hilft, ist erstmal Entwöhnung angesagt. Dafür müsste man zunächst darauf verzichten, Raum auf die vertraute Weise zu füllen. Nicht unbedingt angenehm. Mit Entlastungsdepression muss gerechnet werden. Depression meint nicht unbedingt traurige Gefühle, sondern man ist sich selbst verlorengegangen.

Mit so einfachen Lebensweisheiten erntet man bei Ratsuchenden leicht Enttäuschung. Wieso Verzicht? Sie wollen doch mehr und nicht weniger. Wenn die Alternativen genügend bieten würden, wäre das was anderes. Und wieso mehr Raum schaffen, wenn man schon mit dem verfügbaren nichts wirklich anzufangen weiß? Bietet da die gewohnte Lebensweise nicht mehr, auch wenn alles etwas einseitig wird? Wieso sollte man in einem florierenden Nutzgarten ein Stück roden, wenn es dort erstmal karg bleibt, bis man seinen Musengarten zu gestalten gelernt hat? Ist nicht zumindest für Propheten Wüste angesagt, bevor Neuorientierung möglich wird? Ich habe selbst keine Neigungen zu Wüsten, wenn sie mir nicht romantisch, sondern wirklich wüst erscheinen. Und doch ist mir nach einigen Tagen Stein-Wüsten-Wanderung die eine Blume mehr im Sinn geblieben als der ganze botanische Garten, den wir zuvor besucht hatten, war frisches Wasser köstlich.

Was fehlt Ihnen? Diese Frage sollen die Ärzte früher wörtlich gemeint haben. Hat Krankheit was damit zu tun hat, dass etwas zur Gesundheit fehlt? Doch wir wissen eben oft selbst nicht, was fehlt. Und es aus einem Leiden herauszulesen, ist nicht einfach, und

Antworten sind für jeden verschieden. Das Empfinden von Leere gibt nicht so leicht Auskunft über Bedürfnisse dahinter. Die anderen probieren es dann gerne mit ihren eigenen Rezepten. Sie sollen auch zu den unseren werden. Dabei gerät man damit leicht in Versteckspiele. Man sollte ja auch niemandem moralisch daherkommen. Aber wie soll man dann jemanden auf mögliche Illusionen über Lebenszusammenhänge hinweisen? Gerade Jüngere wissen oft nicht, welchen Preis sie bezahlen werden. Und wenn die Rechnung dann kommt, kann man nicht mehr umbestellen. Vieles kann man in der einen oder anderen Weise irgendwie nachholen. Für anderes ist die Uhr abgelaufen. Erfahrungsgemäß sind aufrichtige Gespräche zwischen Menschen auch unterschiedlicher Lebensphasen hilfreich. Wer von den Älteren hat nicht schon Momente erlebt, in denen er plötzlich seine Eltern besser verstanden hat? Hatten sie versucht, es einem zu sagen? Jetzt kann man vielleicht nicht mehr miteinander reden. Jüngeren kann es helfen, wenn man von sich erzählt. Manch einer ist ins Grübeln gekommen, wenn er erleben durfte, wie es jemandem ergeht, der eine solche Karriere schon hinter sich hat, für die man selbst so vieles zu opfern bereit ist.

Doch das ist eine weite Perspektive. Einsicht in kürzere Zusammenhänge reicht vielleicht auch. Unser Gehirn scheint Zeiten zu brauchen, in denen es überhaupt wenig Zufuhr und weniger derselben Art bekommt. Ruhe brauchen wir, um aus Erfahrungen des Tages das Wesentliche zu schöpfen und abzuspeichern. Dann können wir uns immer wieder neu die richtigen Fragen stellen und prüfen, ob wir dabei sind, Antworten auf diese zu finden.

Wozu also Muse? Damit das Leben Sinn macht!

7. Who listens?

1979 war ich gerade im glühend heißen Phönix in der Wüste Arizonas angekommen. Das ersehnte Seminar mit dem berühmten Hypnotherapeuten Milton Erickson fand in seinem privaten Hinterhaus statt.

Ich setze mich. Milton Erickson begann das Seminar unvermittelt mit Stories zur Hypnotherapie. Eingestreut erzählte er Praxisbeispiele oder arbeitete mit Teilnehmern, die sich zu Demonstrationen bereitfanden.

Aufgrund einer Behinderung sprach er nicht deutlich artikuliert, und ich hatte Schwierigkeiten, seinen Akzent zu verstehen. Dazu kam die Belastung, mit all dem Unerwarteten und schlecht Einzuordnenden der Inszenierung zurecht zu kommen. In dieser Woche wurden die Fernsehaufnahmen gemacht, die später Grundlage eines Buches wurden.[7]

Nach ca. 2 Stunden konnte ich den Inhalt der Worte Ericksons nicht länger identifizieren, hörte nur noch ein Gemurmel mit amerikanischem Sound. Ein freundlicher Techniker bot mir zur Behebung meiner „Hörstörungen" einen Kopfhörer an, über den ich den Ton der laufenden Fernsehaufzeichnung eingespielt bekam. Ich hörte nun akustisch einwandfrei dasselbe Gemurmel, nach wie vor allerdings ohne die Worte verstehen zu können. Ein verlorener Tag?! Hatte ich dafür diese Reise und erhebliche Belastungen auf mich genommen? Schließlich gab ich auf und ließ mich die verbleibenden Stunden dieses Tages von dem unverständlichen Gemurmel berieseln.

Am nächsten Tag war es besser und ich hatte kaum noch akustische Verständnisschwierigkeiten.

Etwa ein Jahr später nahm ich mir die Tonbänder dieses „verlorenen Tages" vor, um nachzuholen, was ich versäumt zu haben glaubte. Doch zu meinem Erstaunen hörte ich nichts, was ich nicht in Erinnerung gehabt hätte. Ja, ich erkannte sogar Arbeitsfiguren, die ich in meiner (damals psychotherapeutischen) Arbeit

[7] Meine Stimme begleitet Dich überall hin. www.klett-cotta.de

bereits übernommen hatte. Ich hatte alles mitbe-
kommen. Wer aber hatte hier „Hörstörungen" und
wer hatte trotzdem alles gehört?

8. Achtung vor einander

*Was löst in mir Achtung und Großmut, was Verach-
tung und Kleinmut aus?*

Was dabei bin ich und was bist Du?

*Will ich Dich nur als Spiegel meiner selbst benützen
oder gibt es mehr, vor dem wir uns beide verneigen?*

Von Zeit zu Zeit spüre ich nach, mit wem ich mich gerne verbunden fühle, wessen Achtung mir wichtig ist
und mit wem ich verbleibende Lebenskraft teilen will.

Uneingeschränkt positiv ist die Bilanz selten. Das muss ja auch nicht sein, denn jeder hat seine Macken, ich auch. Und andere müssen genauso Kompromisse mit mir machen, Unverträglichkeiten erdulden. Ich akzeptiere, wenn jemand mit meinen schwierigen Zonen nicht umgehen mag, auf Abstand geht und womöglich der Beziehungsfaden reißt. So ist das eben.

Was befremdet/befreundet mich am meisten? Was lässt mich näher- oder weiter wegrücken? Ein Schlüsselwort dabei ist Achtung. Achtung vor dem Gegenüber. Das kann auch der sein, den ich morgens im Spiegel sehe. Ich empfinde Achtung, wenn ich berührt bin davon, wie sich jemand seiner Existenz stellt, sich um Aufrichtigkeit, Gerechtigkeit, Tapferkeit und liebevolle Haltungen bemüht. Da habe ich vor einem Gescheiterten, dem Würde noch etwas bedeutet, mehr Respekt als vor einem, der nur noch seine Privilegien wahrt. Manchmal setze ich mich lieber an einen anderen Tisch, auch wenn dieser aus einfachem Holz ist.

Was z.B. entfremdet mich von Menschen? Wenn jemand missbraucht und ausbeutet -ohne erkennbare Skrupel- und Rechtfertigungen dafür pflegt! Oder: Wenn jemand bei Starken den Sensiblen gibt und Schwächeren gegenüber „die Sau rauslässt". Oder: Wenn sich jemand nur für den eigenen Bauchnabel interessiert und nicht dafür, wofür er anderen gut sein könnte. Auch Demagogie löscht meine Achtung, wegen der Besessenheit und wegen der angerichteten Schäden. Hirne von wohlmeinenden aber unkritischen Geistern werden vernebelt. Intellektuelle Redlichkeit wird als fehlender Enthusiasmus oder gar als Verrat an großen Ideen verunglimpft. Das sind die einfacheren Fälle. Doch verliere ich auch Achtung, -meist schleichend und erst mit der Zeit- wenn ich chronischen und kaschierten Egoismus erlebe. Nicht dass jemand etwas für sich zu gewinnen sucht, ist dann mein Problem, sondern dass es unter anderen Motivvorgaben verdeckt wird. Oft ist das subtil und nicht offensichtlich verwerflich, es fehlt die Basis für ein klärendes Gespräch. Und doch es wirkt in mir, ob ich will oder nicht. Auch haben schon Menschen wegen nicht ergründbarer Unaufrichtigkeit meine Achtung verloren. Ich hätte auch mit ihren dunklen Seiten Freundschaft gehalten, wenn ich über sie nicht trotz Begegnungsversuchen meinerseits getäuscht worden wäre.

Bei manchen verlorenen Beziehungen fühle ich Bedauern. Andere kann ich eher schmerzlos auf Abstand driften lassen. Eigentlich bin ich nicht rigoros. Wie z.B. eine Freundin, die immer mal wieder recht radikal ihre Beziehungen „ausmistet". Ich bin eher verträglich und besonnen bis träge. Und manche Auseinandersetzung hätte bei Bestehen auf „Klärung" eh nur in den Beziehungsabbruch geführt. Manchmal ist gut Differenzen im stillen Einvernehmen auf sich beruhen zu lassen. In einigen Fällen ist danach wieder eine achtungsvolle Beziehung gewachsen. In anderen Fällen blieben die Wege getrennt. Nicht leicht zu entscheiden, ob man Richtung Konfliktangst und falsche Kompromisse oder Richtung Toleranz und Heilung durch Zuwendung unterwegs ist. An Konfrontationsmut fehlt es mir eigentlich nicht. Doch meist, wenn ich meinte, jetzt mal „Nägel mit Köpfen machen zu müssen", ist wenig dabei herausgekommen. Evolution geht anders. Doch bleibt: Beziehungen ohne gegenseitige Achtung sind auf Sand gebaut.

9. Kampf um Anerkennung

Warum eskalieren Konflikte in irrationale Kämpfe? Warum sind die Parteien selten in der Lage, solche Kämpfe zu unterlassen oder aus ihnen auszusteigen? Zwecklos werden Kämpfe spätestens dann, wenn sie nicht nur das Umkämpfte zerstören, sondern zusätzliche Schäden hervorrufen? Ganz zu schweigen von verpulverter Kraft. Dennoch muss ihre Fortsetzung von irgendetwas getrieben sein.

Ein naheliegendes Etikett ist „Machtkampf". Unterwerfung um jeden Preis? Gelegentlich mag diese Annahme plausibel sein. Doch ist es originär das Streben nach Überlegenheit? Oder eher die Abwehr von entwürdigender Unterlegenheit? Also Notwehr? Da dieses Empfinden subjektiv ist, nehmen gerne mehrere Parteien gleichzeitig Notwehr für sich in Anspruch. Viele Kämpfe werden wohl von diesem Empfinden getragen oder könnten ohne dieses ein Ende finden. Hierzu empfiehlt es sich, nach Möglichkeiten für wechselseitige Beruhigung und Anerkennung Ausschau zu halten.

Anerkennung ist ein Grundbedürfnis und die Suche danach kann in jeder Beziehung als hintergründige Strebung angenommen werden. Menschen wollen sich in Beziehungen gespiegelt sehen, in dem was sie sind und werden könnten. Kluge Partner hören hin und prüfen. Was kann man positiv sehen? Wo und wie findet man zueinander? Und kluge Gegner tun dies auch im Konflikt und im Kampf. Dabei gibt es so viele Eigenarten wie eben Menschen verschieden sind. Es lohnt sich fast immer, zumindest herauszufinden, worin Menschen anerkannt werden wollen. Sensibilität dafür, gehört zu Grundkompetenzen im Konflikt. Destruktiv eingesetzt zeigt sie sich in verletzenden Schmähungen. Entwürdigung gehörte zu allen Zeiten zum Repertoire der Gewalttätigkeit. Sie treiben den Gegner in Notwehr. Die Bereitschaft auch Konfliktgegner anzuerkennen kann zumindest der Deeskalation dienlich sein. Sie ist außerdem Ausdruck von prinzipieller Friedfertigkeit, auch im Kampf. Das teilt sich mit.

„Soziale Konflikte können nicht allein als ein Kampf um Lebens- und Überlebenschancen, um die Durchsetzung des jeweiligen Gruppeninteresses verstanden werden."[8] Sich benachteiligt Fühlende „begehren auch auf, weil sie sich durch die Gegebenheiten gedemütigt, erniedrigt, „beschämt", das heißt in ihrer Selbstachtung getroffen fühlen." Es fehlt an Anerkennung. Doch anerkennen worin? Als jemand, dessen Eigenarten, dessen Eigenständigkeit und dessen Lebensentwurf unabhängig von den Streitpunkten respektiert werden. Soweit es sich um einen Verteilungskonflikt handelt, ist entscheidend, den Beitrag anderer zu würdigen. Hierbei muss man nicht unbedingt teilen, wie andere Verdienste und Beiträge bewerten. Ihre Beurteilung respektvoll zur Kenntnis zu nehmen kann ausreichen.

Menschen haben gelegentlich das Gefühl, ohne Verschulden einseitig die Lasten von schwierigen Entwicklungen zu tragen. Auch dies kann anerkannt werden, insbesondere, wenn etwas daran ist. Dennoch wird dies oft in der Kommunikation vermieden, weil man fürchtet, damit Ansprüche zu rechtfertigen. Z.B. wird zur Entlassung anstehenden Mitarbeitern gerne die Schuld an ihrem Schicksal zugeschoben. Zur eigenen Dissonanz-Reduktion neigt man dazu, diese Version dann auch selbst zu glauben. Entsprechend werden

---

[8] Axel Honneth: Kampf um Anerkennung - Zur moralischen Grammatik sozialer Konflikte; Suhrkamp Verlag, Frankfurt a.M. 1992.

Begründungen vorgebracht, die die Selbstachtung des Gegenübers mindern.

Trennungs-Auseinandersetzungen können gerade dadurch unnötig verbissen und teuer werden. Trotz hoher Ablösung bleibt Verbitterung. Ist das klug? Ist das human? Warum für empfundenes Unrecht und Benachteiligung nicht Mitgefühl ausdrücken? Daraus müssen nicht immer Ansprüche abgeleitet werden. Oft im Gegenteil: Anerkennung kann die Neigung, aus der Situation Kapital zu schlagen, erheblich mindern. Nicht immer, aber öfter als vermutet: Großmut weckt Großmut. Und was vergibt man sich schon, wenn man selbst die ersten Schritte tut? Welche Anerkennung braucht man selbst?

10. Respekt

Ich wollte über Würdigen schreiben, über Respekt, aber auch über verachten und ächten. Ich hatte bei einem Vortrag über Vertrauenskultur deutliche Worte über Freibeuter und Gambler in unserer Gesellschaft gefunden [9]. Erreicht man sie durch Apelle? Durch Freundlichkeit? Durch Ächtung? Oder müssen sie vom Platz gestellt werden? Sind wir zu „tolerant"? Oder einfach nur opportunistisch?

Und gleichzeitig der Abschied von Nelson Mandela auf allen Kanälen. Passt!

---

[9] Audio: B. Schmid Vertrauen, Kontrolle und Verantwortungskultur in Professionen und Organisationen.

Warum? Sein Umgang mit genau diesen Fragen fordert heraus.

Egal wie groß die ideologischen Differenzen waren, er hat sich immer auch an den Mitmenschen gewandt und ihm Würdigung abgefordert, geboten, zugemutet. Und er war kein Romantiker, sondern Realist, was Gesellschaftsentwicklungen betraf. Und doch oder gerade deshalb ging er auf seine Kontrahenten zu. Er achtete sie im Menschlichen und erreichte viele genau dort. Er hätte z.b. eine moralische Überlegenheitsposition gegenüber seinen politischen Kontrahenten DeClerk wählen können. Das Weiterdrehen der Gewaltspirale hätte das dann auch gerechtfertigt. Doch er hat anders gewählt.

Toleranz? Offenbar nicht gegen unmoralisches Verhalten, wohl aber gegen fehlbare Menschen, wenn sie hören. Taktik? Anderen unmoralisches Verhalten schwer machen, ohne sie zu demütigen. Mut? Nicht den selbstverliebten, verwegenen Mut, sondern den disziplinierten und dem Menschen zugewandten.

Opportunismus? Gerade weil er klare Prinzipien lebte, durfte er atemberaubende Schritte wagen, ohne dass er hätte Opportunismus-Verdächtigungen gelten lassen müssen. Korruptheit? An der Macht scheint er gegen Hochmut und Raffgier immun geblieben zu sein.

Seine Art scheint in seinen Widersachern Scham geweckt zu haben. Ich meine die Scham, die uns anzeigt, dass wir uns in unserer Menschlichkeit verleugnen. Sie zeigt uns den Weg dorthin zurück. Soweit eine Erfolgsgeschichte in Sachen Würdigen. Doch was tun mit denen, die so nicht erreicht werden, vielleicht nicht Schamfähig sind? Sehr gescheit und interessant fand ich dieser Tage dazu ein Essay im Rundfunk.

„Gerichtssaal-Dynamiken" sind nicht mein Ding. Ich spiele nicht gerne Richter und erst recht nicht Vollstrecker. Ich tauge auch schlecht zum Staatsanwalt. Ich mag keine Strenge und keinen Krawall, muss mich disziplinieren, um Unbequemes anzugehen. Was ist Weisheit, was Rechtfertigung? Ich weiß es letztlich nicht.

Interessant finde ich noch die Rolle von Winnie Mandela. Sie kommt ja nicht so gut weg. Und doch, Nelson soll so gut wie vergessen gewesen sein und nur ihre glamouröse Hofhaltung vor Kameras habe ihn vor dem internationalen Vergessen gewahrt. Wo ist jetzt gut, wo böse? Wo bitte geht's zur Front? Judas, Luzifer und Mephisto lassen grüßen.

11. Handicaps

Handicap = „Benachteiligung aufgrund einer Behinderung." So steht es im Bedeutungswörterbuch. Da gibt es nichts zu beschönigen. Das gilt es anzuerkennen.

Aber es gibt auch eine andere Seite.

Damit, dass ich z.B. Probleme habe, Menschen wiederzuerkennen, habe ich mich schon früher geoutet[10]. Mit diesem Handicap waren mir einige gesellschaftliche Rollen und Bühnen unzugänglich. Was mir dadurch verschlossen blieb, schmerzt immer wieder mal. Was ich dabei aber entwickeln konnte, lässt mich

---

[10] Blogarchiv von Bernd Schmid, Blog 22. www.isb-w.eu/de/blog

einverstanden sein. Mich beeindruckt, wenn sich jemand sofort erinnert, wen er wo getroffen hat, wo dieser einzuordnen ist und wie und worauf er angesprochen werden kann. Doch ich messe mich nicht mehr daran. Gut, dass ich an Stärken anderer partizipieren kann. Dafür habe ich andere Stärken, musste diese auch kräftig entwickeln, um trotzdem zu der Wirkung und Geltung zu kommen, an der mir gelegen ist.

Ich habe noch andere Handicaps. Ich würde z.B. gerne Bildungswissen speichern können. Freunde von mir können sich, z.B. Geschichtswissen einfach merken, wann und wodurch welche Baustile Bedeutung hatten oder wann welcher Dichter, Maler, Musiker wie gelebt hat und wie das alles ins Verhältnis zu bringen ist. Ich habe solches Wissen immer wieder aufgenommen und finde es wichtig. Doch ich kann es nicht speichern. Nach einigen Wochen ist davon fast nichts übrig. Und weil ich das schon vorher weiß, halten sich meine Bemühungen in Grenzen. Manchmal stehe ich ganz schön ungebildet da, in diesem Sinne zumindest. Ideen und Lebensweisheiten aus den Begegnungen mit „Bildungsgütern" bleiben mir schon, auch wenn ich sie keiner Quelle mehr zuordnen kann. Vielleicht gerade, weil ich die Inhalte vergesse, habe ich Einsichten oft klarer vor Augen als andere. Weil ich die Lebensgeschichten meiner Mitmenschen vergesse, bleiben mir Wesenseindrücke und ich mache mir immer wieder frische Bilder von ihnen.

Es gibt Menschen mit erstaunlichen Handicaps, welche, die z.B. den Gefühlsausdruck in einem Gesicht nicht sehen oder die Färbung in einer Stimme nicht hören, ja manchmal Stimmen überhaupt nicht wiedererkennen können, manchen nicht mal die Gesichter ihrer Kinder. Mittlerweile kann man solchen „Blindheiten" entsprechende Gehirnfunktionsstörungen gut untersuchen. Ich kenne Menschen, die soziale Abstimmungsprozesse nicht erkennen und immer zwischen alle Stühle geraten. Oder solche, die ihre seit Jahren benutze Brille nicht identifizieren können oder nie wissen, wo sie die Autoschlüssel abgelegt haben. Auch sie müssen irgendwie zurecht kommen, ja vielleicht besondere Stärken entwickeln, um sich dennoch zu orientieren und ihr Leben zu gestalten. Derselbe, der auf Fragen nach emotionalen Regungen immer nur mit den Achseln zuckt, kann ein präzises GPS im Kopf haben und sich an jeden Ort erinnern, an dem er mal war. Sein Gegenüber hat vielleicht nur vage Erinnerungen und sollte sich besser niemals trauen, eine Weltkarte und die Verteilung der Länder darauf auch nur ungefähr aufzuzeichnen, will er nicht als geistig behindert erscheinen. Anderen ist es nicht gegeben, in Begegnungen, Sympathien zu wecken. Sie müssen dennoch eigene Formen der Beziehungsgestaltung entwickeln, in denen sie durch anderes attraktiv werden.

Bei näherem Hinsehen kann wohl jeder einige Handicaps aufweisen. Die Kunst besteht darin, mit ihnen gut umzugehen. Sie führen eher dann zu unguten Gefühlen, wenn wir uns an anderen oder Vorstellungen von Normalität messen und dann versuchen Handicaps zu vertuschen, als „normal" zu erscheinen oder sie übermäßig zu kompensieren. Vermeidung macht oft mehr Probleme als die ursprünglichen Handicaps. Wäre es da nicht besser, die eigenen Handicaps in wohlwollende Obhut zu nehmen, sich zu ihnen zu bekennen und zu lernen, die in ihnen liegenden Chancen wahrzunehmen? Die rund um Handicaps ausgebildeten Stärken und Strategien sind oft kleine Kunstwerke, die zu studieren sich lohnt. Man kann sie anderen auch verständlich machen. Würdigt man sie offen, selbstkritisch und ohne Trotz, fühlen sich auch andere zu einem würdigenden Umgang mit Handicaps eingeladen, auch wenn das Fehlende dadurch nicht ausgeglichen werden kann.

Am Ende helfen Handicaps einen unverwechselbaren Charakter zu formen. Sollten also Handicaps nicht ins Charakterbild, ins Kompetenzprofil aufgenommen werden? Dann verstehen andere besser, was sie von einem Menschen erwarten können und was nicht - ein Beitrag zur Artgerechten Beziehung zum Mitmenschen. Wenn man weiß, dass das Felltier eine Katze ist, erwartet man nicht, dass es apportieren lernt. Wer das möchte, sollte sich auf Hunde verlegen.

Man hat eh meist wenig Wahl, deshalb kann man zu einem Bündnis im konstruktiven Umgang mit Behinderungen einladen.

12. Größenphantasien

Der Traum von der eigenen Größe beflügelt und ist ein wichtiger Antrieb für Entwicklung. Für Größenphantasien in der einen oder anderen Dimension muss sich niemand schämen. Als Traum der Seele erzählen sie vielleicht, wer man sein könnte.

Sollte es nicht Teil authentischer Beziehungen sein, sich offen zu Größenphantasien zu bekennen, sie mit anderen zu teilen? Leider werden Ambitionen aus Furcht vor Kränkung oft versteckt, manchmal sogar vor sich selbst verborgen. Doch Navigation ist schwer, wenn man sich nicht eingesteht, woran man sich orientiert. Dabei ist es doch nur natürlich, sich mit Großen zu vergleichen. Warum fühlen sich Mitmenschen so leicht bemüßigt, einen der Hochstapelei zu ver-

dächtigen? Seltsam, dass in manchen Kreisen Tiefsta-
pelei als demütiger gilt. Sich bloß nicht bei „unrealisti-
schen" Erwartungen erwischen lassen, sich bloß nicht
zu viel angemaßt haben. Doch ist das förderlich? Ist es
oft nicht gerade die ätzende Kritik im eigenen Kopf,
die einem selbst und anderen den Wind aus den Se-
geln nimmt? Als wäre Selbstunterschätzung die vor-
nehmere Fehleinschätzung. Manchmal ist sie sogar
heuchlerisch und auf das Fischen von Komplimenten
aus. Jedenfalls führt sie wohl kaum weniger in die Irre
als Selbstüberschätzung.

Warum ist dann in vielen Kulturen Selbstunterschätzung eher willkommen als Selbstüberschätzung? Warum stößt erstere eher auf Ermutigung und letztere
eher auf Beschämung? Vielleicht hat es damit zu tun,
dass andere lieber gönnerhaft ein Upgrade anbieten
als deutlich zu machen, dass sie zwar die angepeilte
Größe verstehen und gutheißen, aber den anderen
(noch) nicht dort sehen. Ist es denn so eine Schande,
sich mehr vorgenommen zu haben als man ausfüllen
konnte? Wenn das Klima stimmt, ist es doch kein
Problem durch Erfahrung demütig zu werden. Dazu
braucht man doch keine Demütigung. Manchmal denke ich, dass Understatement hochmütiger ist, weil
man sich einer Bewährung und Korrektur von außen
entzieht.

Gibt es einen Menschheitsgeschichtlichen Grund?
Vielleicht waren einst Einpassung in den Stamm so
wichtig, dass Selbstentfernung von Gemeinschaft und
vom allgemein gebilligten Standard für den Abweich-
ler lebensgefährlich wurde. Ausschluss bedeutete Tod.

So könnte man sich erklären, dass riskante Anmaßungen durch als vernichtend empfundene Schamgefühle verhindert wurden. Zum Schutz aller schon im Vorfeld, auch um den Preis individueller Verstümmelungen? Manfred Spitzer weist darauf hin, dass „nicht mehr mitspielen dürfen" im Gehirn die gleichen Zentren aktiviert wie körperliche Schmerzen. In heutigen Gesellschaften mit anderer Betonung von Individualität und Wahlmöglichkeiten bezüglich Gemeinschaften, müsste man über solche Reflexe neu nachdenken. Das meint aber nicht Leinen los für Größenwahn! Der ist schon genug verbreitet und vielleicht ein noch unreifer Gegenreflex gegen Stammes- und Normbindung.

Wie fast immer spreche ich auch in eigener Sache. Ich gebe zu, dass ich besonders in jüngeren Jahren eher auf der mich selbst überschätzenden Seite war. Das macht nicht unbedingt sympathisch, kann aber mutig und stark machen, besonders, wenn man nicht so sensibel ist. Allerdings holt man sich auch leicht blaue Flecken. Soweit man diese als Feedback beim aktiven Ausloten der eigenen Größe akzeptieren kann, findet effektives Lernen statt. Weh tut es trotzdem. Es gibt manche frühere Aufgeblasenheit, die in mir auch heute noch Schamreaktionen auslösen. Doch oft genug kam gute Substanz zum Vorschein, nachdem einige Luft abgelassen war. Hätte ich diese Substanz so und für die Verwirklichung meiner Lebens-Vorhaben rechtzeitig entwickelt, ohne von Strebungen nach Größe getrieben zu sein?

Natürlich ist es schöner, wenn man von anderen erhoben wird. Doch nicht jeder hat das Glück dazu erwählt zu werden oder das Talent, zu wohlwollender Prüfung einzuladen. Oft hat auch die Umwelt nicht die Kompetenz, Größe in ihrer noch unbeholfenen Form zu erkennen und zu fördern. Und die Motive der anderen sind auch nicht immer vom Feinsten. Bevor man zu still und zu zurückhaltend auf den Lohn für Selbstbescheidung wartet, ist doch gut für sich einzutreten oder nicht? Oder sind die Vorsichtigen edler und besser dran? Eher nicht! Wie viele merken zu spät, dass sie im *Wartesaal zum großen Glück*[11] zu lange darauf gewartet haben, aufgerufen zu werden.

Wir brauchen auch Mut zur Größe. Herdentrieb und Kleinmut lösen unsere Probleme nicht. Aber natürlich ist auch hier das Maß entscheidend. Selbstüberhebliche Menschen haben es manchmal schwer, sich selbstkritisch zu begegnen und sich auf Lernen einzulassen. Das kann dann sehr anstrengend werden. Umgekehrt machen es sich diejenigen zu bequem, die Größe Suchende einfach nur auf ein verträgliches Maß zurechtstutzen wollen. Wenn diese darauf uneinsichtig und überheblich reagieren, sollte das niemanden wundern. Also auch hier kommt es auf die Beziehungsumgebung und den Zusammenhang an. Die Umwelt formt jede Persönlichkeitserscheinung mit.

---

[11] Song von Walter Andreas Schwarz. www.youtube.com

Wie sagte doch eine Kollegin heute beim Frühstück:

Sanfte, wenig ambitionierte Menschen machen es einem wirklich leicht, mit ihnen zusammen sein zu wollen. Das ist sehr angenehm.

Aber die, die die Welt bewegen, sind halt andere.

13. Schnelles Leben

Wer schneller lebt ist früher fertig

Dieser Spruch bekommt in seiner mehrfachen Bedeutung Stärkung aus der Forschung: Wodurch ist langes Leben bedingt? Weltmeister scheint ein Schwamm zu sein, der es in der Tiefsee bei arktischen Temperaturen auf mehrere tausend Jahre bringt. Leben auf geringstem Aktivitätsniveau und in extremer Zeitlupe. Zu den langlebigen Tieren, bei denen es nicht ganz so extrem zugeht, gehören Eishai, Blauwal und Schildkröte, die es auf mehrere hundert Jahre bringen können. Am anderen Ende dieser Skala finden wir z.B. Spitzmäuse, die nur ein Paar Duzend Tage haben und schließlich die bekannte Eintagsfliege. Da kann sich jeder ein Wappentier aussuchen.

Vergleicht man aber nicht Lebenszeit, sondern Lebensaktivität und die Frequenz der Abläufe, dann unterscheiden sich die Lebewesen gar nicht so dramatisch. Ein Prinzip zeigt sich: Will man Leben verlängern, muss man Frequenz senken. Erhöht man die Frequenz, dann sind die Vorräte schneller aufgebraucht. Aber natürlich ist nicht jeder für jede Frequenz gebaut.

Dass der schnellere den langsameren frisst gilt in vielen Branchen unserer Wirtschaft als ausgemacht. Also Hochfrequenz als Überlebenssicherung? Sicher, bei Bedarf schnell sein können ist gut. Aber längerfristig darf sich Hochfrequenz nicht als Gewohnheit verselbständigen. Wer chronisch über einer zu ihm passenden Frequenz lebt, riskiert Burnout, der auf quälende Zeitlupe herunterbremst. Und nicht nur das. Die Qualität der Tätigkeit in Hinsicht auf Ergebnis und Substanz kann bei Hochfrequenz erheblich nachlassen. Das wird dann manchmal mit noch mehr Hektik kompensiert, ein Teufelskreis. Hektik wird zur Sucht. Schnell noch eine Aktion geht immer. Bremsen ohne

Bruchlandung wird immer schwieriger. Die Kraft auszusteigen geht zudem verloren. Und wer kennt nicht
die Hektik mancher Manager, Teams oder Unternehmen, die mit Schnellschüssen die Probleme längst
nicht mehr richtig lösen und sich für Besinnung, ob sie
überhaupt die richtigen Probleme lösen, keine Zeit
nehmen? Sie würden diese Zeit auch nicht gleich nutzen können, weil man zur Besinnung auf das Wesentliche nicht nur Hektik-Pausen, sondern Muße braucht.
Eher begegnet man erstmal der durch Hektik über-
deckten Leere. Diese müsste man erst eine Zeit lang
aushalten, bis sie sich allmählich wieder füllt. Ob
schnell effektiv ist und ob man in ruhigerem Tempo
anderen wirklich unterlegen ist, sollte man über längere Zeit genauer betrachten. Doch selbst wenn
schnell im Vergleich notwendig scheint, sollte man
über Spielräume nachdenken, denn wir bereiten uns
gegenseitig Effektivitätsfallen[12].

Privat treibt oft die Angst, etwas zu versäumen, der
Hunger nach möglichst viel Leben. Und im Hinterher-
hechten versäumt man genau was man sucht, Leben
spüren. Lebensqualität entsteht manchmal gerade um
den Preis, dass man Verzicht akzeptiert. Und wieviel
bleibt eigentlich im Rückblick für die gefühlte Lebens-
bilanz von atemloser Zeit und wieviel von Zeit mit
Raum zum Durchatmen? Die Seele misst in Qualitäten,
nicht in Mengen. Ist es wirklich ein Luxus, sich für Leben Zeit zu nehmen, auch für Berufsleben?

---

[12] B. Schmid - Dilemmata, Ökonomie und Ökologie im Umfeld
unserer Profession.

14. Elitäre Gespräche

Wir sitzen zusammen am Kneipentisch. Am Abend der Tagung haben sich Referenten und Veranstalter zu einer Runde zusammengefunden. Ein Teilnehmer hat sich zu uns gesellt. Man kennt ihn, denn er kommt öfter. Er hat sich ein bisschen bei uns herumgedrückt, als anstand, sich für den Abend zu formieren. Er hat sich noch über den letzten Vortrag unterhalten, klug, unaufdringlich und interessiert, ja, auch deutlich gemacht, dass er sich auskennt und durchdachte und auch einige originelle Gedanken einzubringen hat.

Dann ist er einfach mitgegangen mit gekonnter Beiläufigkeit. Orientierungssuchende Blicke im Kreis der anderen: Wie soll er eingeordnet werden? Wie eng oder offen sollen wir den Kreis gestalten? Sicher wäre es kränkend, wenn man ihm bedeuten würde, dass wir lieber unter uns wären. Wären wir aber, ehrlich gesagt. So oft sehen wir uns ja auch nicht und wollen uns die Aufmerksamkeit gegenseitig schenken. Aber wir sind höflich, freundlich und wollen niemanden ausschließen. Also geht er halt mit.

Eigentlich ein netter Kerl und aufrichtig bemüht, steuert Unaufdringliches und durchaus Richtiges zu Unterhaltung bei. Doch irgendwie bleibt ein Zwiespalt.

Will man ihm Aufmerksamkeit und Zeit schenken, die man lieber mit den anderen am Tisch teilen möchte? Klar, man will nicht elitär sein und lässt sich auch auf ein separates Gespräch ein, weil er irgendwie in der ganzen Runde kein Gehör findet.

Und wären wir allein, es könnte ein sympathisches Gespräch sein. Doch die anderen haben jetzt was Interessantes am Wickel, zu dem man sich auch gerne positionieren wollte. Also irgendwie die Dyade öffnen, den Ausstieg aus diesem Gespräch und Widereinstieg ins Allgemeine finden. Doch man fühlt sich dabei irgendwie egoistisch. Ist das unser humaner Ansatz, Respekt, Nächstenliebe?

Man geht sich noch was holen und bleibt an der Theke bei einem Kollegen stehen.

Das ergibt sich ganz gut. Aus den Augenwinkeln sieht man, dass er jetzt vor sich hinschaut und dann nach einem gescheiterten Versuch, die allgemeine Aufmerksamkeit zu erlangen, mit der anderen Nebensitzerin ein Gespräch aufnimmt. Auch sie ist freundlich zugewandt, doch zwischenrein etwas abwesend.

Ihre Augen wandern etwas suchend am Gegenüber vorbei. Ein Witz, allgemeines Lachen, dem kann man sich nicht entziehen, schnell sich wieder ins größere Gespräch einklinken. Eine Frage an den letzten Referenten richten. Dem muss man ja auch zuhören, wenn er Antwort gibt. Das Gespräch geht wieder allgemein hin und her. Alle haben sich wieder dazugesetzt und achten drauf, nicht mehr in Nebengespräche zu geraten. Der Teilnehmer macht aufmerksame Mine zu unserem Spiel, an dem er sich ansonsten nicht mehr beteiligt. Auch andere sagen nicht unbedingt was, doch sind dabei. Er hingegen fällt spürbar heraus, kann sein Dazugehören nicht halten und verabschiedet sich bald. Auch wir sagen freundlich auf Wiedersehen. Erleichterung. Man kann jetzt besser zusammenrücken. Und doch traurig das Ganze.

15. Rituale

Schöpfkellen für Sinn oder Feuer der Evolution? -
Nicht ganz ernst gemeinte Einfälle zum Thema.

Ich gebe es zu: Rituale nerven mich meist. Wozu brauche ich Rituale?

Schon gar nicht die hohlen Rituale des Alltags: Sektempfang – Smalltalk – Name-dropping - nur pro forma zuhören bis ein Stichwort fällt. Und dann erzählen, was man zurzeit überall erzählt: Urlaub in Afrika, die 23ste – ist längst Schablone geworden.

Ich bin auf jeden Fall mehr an sinnerfüllten Momenten interessiert. Wenn nichts Sinnvolles zu sagen oder zu tun ist, bin ich lieber still und warte, bis wieder ein Geisteslüftchen weht. Ich weiß, ich bin so kein besonders unterhaltsamer Zeitgenosse und gebe ja zu, dass ich bei den rituellen Zeitvertreiben der anderen schmarotze. Oft ergibt sich daraus ja auch etwas ganz Nettes.

Es ist auch ganz schön öde, wenn man auf bekannte Rituale verzichten will, einem aber sonst nichts einfällt. So z.B. auf einem Geburtstagsfest. Dann gibt's wieder die Stehparty mit dem üblichen Gequatsche. Da muss dann doch was Rituelles her, mal was anderes, Marke Eigenbau oder Import aus Fernost. Peinlich, wenn das dann doch kläglich verläuft und jeder froh ist, wenn es vorbei ist. Und es ist auch nicht gerade erhebend, wenn man in gutwillige aber ein bisschen scheinheilige Gesichter gucken muss. Na ja, manchmal klappt's ja auch. Dann sagen alle: Das hat was!

Überhaupt ist Sinnschöpfung ohne Rituale zeitweise ganz schön schwierig. Wenn es rituell wird, weiß wenigstens jeder wie es geht und was er tun soll. Ritualbereinigte Zonen sind hingegen manchmal Stress pur.

Und auch in meiner Welt komme ich an Ritualen irgendwie nicht vorbei. Etwa, wenn Verlässlichkeit in den Abläufen angesagt ist und mehrere Menschen gemeinsam etwas gestalten. Wenn der Ablauf von anderen wiederholt werden soll, wenn bestimmte Erfahrungen organisiert werden, dann brauchen wir doch etwas Festes.

Man kann die Welt nicht jedes Mal neu erfinden. Und so schlecht ist etwas Rituelles ja nicht. Dadurch kennen die Leute sich aus und merken, dass sie wieder beieinander und bei unser einem zuhause sind. Mit einem rituellen Renner geht man doch irgendwie beruhigter ins nächste Seminar. Man hat etwas für alle Fälle, so was wie einen Außenbordmotor, falls kein Wind weht oder man die Segel nicht hochkriegt. Und wenn das Ding gut ausgetüftelt ist, kristallisiert sich doch mit einiger Wahrscheinlichkeit etwas Sinnvolles daran. Ein Ritual ist vergleichbar mit einer Partitur, an die sich jeder halten kann. Und dann kann man doch ganz schön gemeinsam singen, auch wenn niemand musikalisch gerade voll drauf ist. Und sogar ein Laie kann so eine Chorsession dirigieren.

Neue Ritualbesen kehren gut. Alles lernt artig, was das Ritual und der dazugehörige Katechismus empfehlen, aber irgendwie verabschiedet sich der Geist allzu leicht und wer weiß, ob und wann er wiederkommt. Und schon ist's wieder irgendwie konventionell. Aber weil's doch mal so gut war und uns nicht so schnell etwas Neues einfällt und weil man doch noch welche findet, die damit ein bisschen glücklich gemacht werden können, hält es noch 'ne Weile! Vielleicht sind die ganzen neuen Schulen und Methoden hauptsächlich dazu da, uns mit neuen Ritualen auszustatten. Das nötige Wichtigkeitsbrimborium wird gleich mitgeliefert. Damit zaubern wir immer auf's neue Ergriffenheit. Ist doch was, oder? Was sich abgenutzt hat, geht über Bord: ex und hopp.

Da fällt mir meine Katze ein. Die scharrt z.B. nachdem sie ihr Häufchen gesetzt hat! Klar! Spuren vergraben. Seltsam bloß: das tut sie auch auf dem Teppichboden. Außerdem gibt's in unserer Wohnung keine Fressfeinde, zumindest nicht für die Katze. Irgendwie merkt sie nicht, dass ihr Ritual gar nicht passt! Aber es fällt ihr halt auch nichts Neues ein. Vielleicht hat sie ja auch gar keine Ahnung, dass das, was sie da macht, einen Sinn haben soll. Sie macht's halt, weil man das als Katze macht. Und vielleicht war ja bei allem Unsinn, den ich in diesem Einzelfall auszumachen meine, diese Scharrerei in den Jahrtausenden Evolution gar nicht so blöd. Für das Überleben der Spezies hat es ja gereicht. Und so richtig stören tut so ein Ritual ja nicht. Und vielleicht ist das ja Ausdruck meiner Selbstbezogenheit, wenn ich denke alles müsste ausgerechnet mir Sinn machen.

Womöglich muss man die Menschheitsgeschichte eh als eine Evolution der Rituale ansehen. Das Ritual, das eigentliche Feuer der Evolution.

Der Mensch, und jeder einzelne sowieso, ist nur als Fackelträger gefragt. So eine Ritualfackel brennt, solange noch Brennstoff da ist und jemand sich die Mühe macht, sie herumzutragen. Na ja, also irgendeinen Nutzen will so ein Fackelträger schon sehen, sonst schmeißt er die Fackel ja weg. Es sei denn, er vergisst es oder merkt schon gar nicht mehr, dass er sie herumträgt. Auf jeden Fall gefällt mir der Gedanke, dass so ein Ritual doch nicht so ganz ohne uns Menschen auskommt.

Vielleicht ist es das: Der Egoismus der Rituale! Rituale entwickeln sich als eigene Wesen in den Strömen des Zeitgeistes nach ganz eigenen Gesetzen. Zeugung,

Geburt, Leben und Sterben der Rituale scheinen mir noch völlig unerforscht.

16. Mensch und Tier

Vom Tier unterscheidet sich der Mensch durch sein mythologisches Wesen. Das hörte ich mich kürzlich vollmundig behaupten. Jeder Mensch möchte sein Leben in eine Sinnerzählung einfügen. „Null Bock" ist nur der zynische Versuch, darauf zu verzichten. Deshalb kann man Menschen gewinnen, wenn man sich auf ihr mythisches Interesse bezieht. Zur Bestätigung ihrer Identität erzählen viele unermüdlich Stories, als wer sie sich verstehen und wie das biographisch herzuleiten ist. Darüber hinaus kann man auch hören, was sie werden wollen. Und Menschen wollen meist gerade irgend etwas werden. Man muss nur hinhören, um eine Idee zu bekommen, an welchem Selbstbild jemand gerade bastelt. Doch, ob uns das letztlich vom Tier unterscheidet, möchte ich lieber mit Vorsicht behandeln.

Dass wir mit den Affen von gemeinsamen Vorfahren abstammen, scheint ja aufgeklärte Menschen nicht mehr zu stören. Dass wir uns mit unserer Tiernatur versöhnen müssen, ist klar und gelegentlich tun wir dies sogar wenig gezügelt und mit Lust. Dennoch haben die meisten Menschen das Bedürfnis sich vom Tier zu unterscheiden.

Lange musste dafür die Behauptung herhalten, Tiere würden keine Werkzeuge benutzen oder zumindest nicht herstellen. Nun hat mittlerweile jeder Bilder von Affen vor Augen, die mithilfe von Steinen Nüsse aufschlagen oder Krähen, die sich gezahnte Kakteenränder zurechtschneiden, um damit Maden aus Baumlöchern zu angeln. Dann haben vielleicht die Menschen allein ein planerisches Bewusstsein? Und was tun Krähen, wenn sie Nüsse auf die Straße legen, um sie von Autos knacken zu lassen? Auch liest man von Zoo-Affen, die nachts Steine verstecken, um am nächsten Tag auf Besucher Überraschungsangriffe starten zu können. Sie müssen dabei eine Vorstellung vom nächsten Tag und ihren Absichten an diesem haben.

Lange glaubte man, Tiere können nicht denken, weil sie nicht über genügend Sprache dafür verfügen. Doch öffnen Tiere in einer Kette von Schlössern gezielt nur die, die für eine aktuelle Lösung gebraucht werden oder lösen kreativ Probleme, denen sie zum ersten Mal begegnen. Tiere zeigen mehr und anderes Denken als man bislang für möglich gehalten hat. Umdenken müssen wir, was die Notwendigkeit von Sprache für Denken betrifft. Es ist auch nicht lange her, dass man die Leistungsfähigkeit von Vogelgehirnen zur Kenntnis genommen hat. Umdenken muss man, mit welcher Art von Gehirnen Lebewesen wie funktionieren können. Der Oktopus mit seinen 9 Gehirnen ist ganz anders organisiert als Tiere mit Zentralgehirn. Es sind unsere Beschreibungen, die sich weiterentwickeln, nicht die Tiere. Selbst bei Pflanzen entdeckt man Leistungen in der Selbststeuerung und der Kommunikation mit der Mitwelt, die man nur bei vorhandenem Nervensystem erwartet hätte. Nun erforscht man, wie das gehen kann und entdeckt ganze bislang ignorierte Welten.

Ist es die Kooperation? Dass es lebenslange Freundschaften und Partnerschaften, ja Treue zwischen Tieren gibt, hat sich schon herumgesprochen, z. B. bei Schwänen. Dass Raubkatzen oder Delfine aufeinander abgestimmt jagen, hat jeder schon gesehen. Beeindruckend, wie Orkas in Formation schwimmend eine Welle erzeugen, die einen Seehund von seiner Eisscholle spült. Tiere kooperieren nicht nur innerhalb ihrer Spezies, sondern auch mit anderen, z.B. sind Zackenbarsche und Oktopusse bei gemeinsamer Jagd gefilmt worden. Dass aber ein Affe dem anderen hilft, an die eine Portion Futter zu kommen, die dieser nur alleine verspeisen kann, lässt auf recht komplexe Abstimmungen bezüglich Geben und Nehmen schließen.

Nun ja, aber Tiere haben keine Kultur, oder? Doch gibt es bei Orkas Schulen, die Menschen angreifen und andere, die das nicht tun. Die einen jagen Lachse in Küstennähe, die anderen Seehunde. Und alles wird über Generationen weitergegeben. Selbst originär selbstloses Verhalten kann man beobachten. So füttern Orkas Rudelmitglieder, die wegen Verkrüppelung weder jagen noch zur Stammeserhaltung beitragen können mit durch. Oder Ratten befreien andere ihnen unbekannte Ratten zuerst aus Gefangenschaft und teilen anschließend knappe Schokolade, die sie auch hätten alleine fressen können. Auch sonst entdeckt man mehr und mehr Kultur im Tierreich. Tiere zeigen Emotionen wie Neid, Empörung oder Vertrauen und gestalten so spezifische Beziehungen weit jenseits genetisch verankerter Reflexe. Sie können ein Gefühl für Fairness haben und sauer werden, wenn der Nachbaraffe für dieselbe Anpassung eine Traube bekommt, sie selbst aber weiterhin ein Stück weniger beliebte Gurke. Der Hund, der für seine zunächst freudige Mitarbeit weiterhin nur Lob bekommt, sein Kollege aber eine Leckerei, stellt nach einiger Zeit beleidigt die Mitarbeit ein. Wie menschlich! Und wenn man sieht, wie schwer sich Elefanten von einem verstorbenen Mitglied ihrer Herde verabschieden und später die ausgebleichten Knochen immer wieder mit Andacht beriechen und befühlen, dann kommt man schon ins Grübeln.

Doch noch ein Versuch:

Wie ist es mit Lernkultur bei Mensch und Tier? Klar, Lernen durch Beobachtung und Imitation, Verbesserung durch Versuch und Irrtum gibt es überall. Wie ist es aber neben dem spielerischen Lernen mit gezieltem Experimentieren? Man kann auch Raben sehen, die sich durch gezieltes Experimentieren eine Meinung von Partnern bilden, auch von Menschen. Sie verstecken kleineres Spielzeug, das sie als halbwegs attraktiv ansehen, in deren Blickwinkel. Sie unterscheiden dann zwischen denen, die zeigen, dass sie das Versteck kennen, aber nichts anrühren und solchen, die klauen. Dieser Versuch wird seitens des Raben mehrfach wiederholt, obwohl das Spielzeuge kosten kann. Doch dabei haben die Raben genügend Urteilsfähigkeit erworben, um vor den Dieben alles außerhalb deren Gesichtskreises zu verstecken, während sie selbst Leckerbissen im Gesichtsfeld der Vertrauenswürdigen vergraben. Um „Menschenkenntnis" zu erwerben, haben sie sogar investiert, aber nur soweit nötig und nicht das Wertvollste. Holla! Raben an die Konzernspitzen! Oder stehlen die dann wie die ...? Oh, sorry!

Vielleicht gibt es bei den Tieren wenigstens keine Belehrungen, auf die wir in unseren Bildungseinrichtungen so reichlich setzen? Erdmännchen zeigen ihren Jungen das Fangen und sichere Verzehren von Skorpionen. Ja, sie servieren ihnen als Zwischenlernstufe Skorpione, denen sie die Stacheln entfernt haben. Auch andere Tiere scheinen die Entschärfung gefährlicher Beute durch halb tot beißen und ähnliches als Erziehungsmethode zu nutzen. Ist das Belehrung?

Statt stumpfsinnige Übertragungsversuche von Wissen, die wir reichlich genossen haben Didaktik und Fürsorge, ein kluger Aufbau von Lernprozessen?

Oh je, wo soll das enden? Ich höre lieber auf. Sonst kriege ich doch noch wütende Reaktionen ab, wie damals auf dem Spielplatz, als ich meinen Kleinen erklärte wie Mensch und Affe verwandt sind. Ein älterer Herr, der das mithörte, verließ den Ort mit Schaudern und rief uns im Weggehen seinen Protest zu: Ich auf jeden Fall stamme nicht vom Affen ab! Nun ja, es gibt immer Ausnahmen. Nichts für ungut.

17. Herdentiere

Zur klassischen Aufklärung gehört der Trend zum Individualismus.

Wenn jemand wiederkäut und blökt, was zurzeit alle blöken, dann meinen wir gerne, dass unabhängige kreative Gedanken, eigenständige Urteile dringend Not tun. Wer auf sich hält, will kein Herdentier sein, schon gar nicht zu den legendären Lemmingen gehören, die verblendet mit Hurra gemeinsam dem Abgrund zustreben.

Jeder will/soll wer ganz eigenes sein. Doch ist das nicht oft auch ganz schön anstrengend? Da werden wir aufgefordert, Alleinstellungsmerkmale zu nennen. Könnten wir sagen: „Ich bin wie viele andere, aber halt gerade da!"? Undenkbar!

Der Anspruch bleibt. Entlastung bieten uns Wirtschaftszweige, die uns Individualität von der Stange verkaufen. Die eigene Fahrzeugausstattung zusammenzustellen, ist ja auch schon was. Oder?

Dieser Tage habe ich eine berührende Szene in einem Tierfilm gesehen: Eine Zebra-Herde wird von einer Meute Hyänen aufgescheucht. Ein Zebra verstaucht sich ein Bein und bleibt zurück. Eine einzelne Hyäne könnte es abwehren, doch schnell versammelt sich die Meute. Das war's dann! Nein! Doch nicht. Denn schließlich kapieren die anderen Zebras die Situation, kommen zurück und nehmen das lahmende Tier in ihre Mitte. Heute kein Jagdglück für die Hyänen!

Haben wir nicht beim Mauerfall ähnlich berührende Bilder gesehen? Menschen gehen zusammen, halten zusammen, lassen sich nicht isolieren, sondern schützen und umsorgen sich gegenseitig. Einzeln hätte das keiner leisten können. Wenn die Organe des Unrechtsstaats Chancen gesehen hätten, durch Jagd auf Einzelne die Flut einzudämmen, sie hätten nicht gezögert. Also! Gar nicht so schlecht, dass wir auch Herdentiere sind. Oder?

Dazu fallen mir noch zwei Science-Fiktion-Hörspiele aus meiner Jugend ein.

1.) Ein Raumschiff landete zwecks Kolonialisierung auf einem fremden Planeten. Gefahrencheck: keine höhere Organisationsform! Nur unzählige winzige metallene „Fliegen". Umso überraschender der verheerende Angriff eines schwer identifizierbaren Gegenübers. Es stellte sich heraus, dass sich diese Winzlinge situativ zu hochkomplexen Organismen zusammenschließen konnten. So konnten sie Gewaltiges bewirken und sich sofort wieder zerstreuen. Die Kolonisatoren mussten letztlich aufgeben.

2.) Eine Delegation der Erde besucht einen fremden Planeten. Sie finden nach einiger Zeit heraus, dass es zwei wesentliche Lebensformen gibt. Die eine kann man sich Wolfsähnlich in Rudeln lebend vorstellen. Die anderen wachsen an verschiedenen Stellen als Einzelne aus der Erde heraus. Zum Erstaunen der Erdianer stellt sich heraus, dass letztere hochintelligent sind und eine Verständigung hergestellt werden kann. Während einer Art Dialog mit einem dieser „Pflanzen-

wesen", kommt ein Exemplar der anderen Spezies vorbei und frisst den Gesprächspartner auf. Die Erdianer sind entsetzt und nehmen Kontakt mit einem anderen auf. Dabei beschäftigt sie nun vorranging, warum die intelligente Spezies nichts tut, um von der dümmeren nicht gefressen zu werden.

Die wiederholte lakonische Antwort. Es besteht keine Notwendigkeit.

Dann kommt wieder eines der „Raubtiere" und macht sich den Gesprächspartner zur „Beute". Bevor die Expedition abgebrochen werden muss, ist lediglich noch in Erfahrung zu bringen, dass die intelligenten Exemplare Ausläufer eines weit verwurzelten Systems sind.

Ganz schön auf den Kopf gestellt, die Verhältnisse, oder? Und sicher weit weg von uns! Aber, auf gute Weise Herden-, Schwarm- oder Hordentiere zu sein, könnte auch zu den Kompetenzen und Selbstverständnissen einer neuen humanen Aufklärung gehören. Obwohl: Hyänen sind ja auch Rudeltiere. Was machen wir denn damit?

18. Evolution

Verblüffend mit welchem Erfindungsreichtum und
Pragmatismus die Evolution zu Werke geht. Ich kann
hier nur die überaus interessanten Videos „Das Tier in
Dir" empfehlen[13]. Ohne unsere Vorfahren die Quallen,
heute keine Stabilität unseres Skeletts oder keine
Augäpfel. Und „Reich mir die Flosse, Genosse!" trifft
die Herkunft unserer Hände aus unserer Vergangen-
heit als Knochenfische. Kiemennerven von damals
versorgen noch heute unser Gesicht mit Mimik. Durch
Erfindungen wie z.B. das Prinzip Kiefer oder Muskel
wurden ähnlich bedeutsame Fortschritte erzielt wie
vielleicht heute mit dem Internet. Mit nachwachsen-
den Zähnen konnten sich Haie als eines der ältesten

---

[13] Das Tier in dir (Teil 1): www.youtube.com

Erfolgsmodelle der Evolution bis heute fast unverändert halten. Immer ist es ein Zusammenspiel im Kontext. Tolle Ideen vergehen, weil sie gerade nicht in den Kontext passen. „Veraltete Varianten" halten sich, weil günstige Umweltbedingungen sie noch nicht haben aussterben lassen. Aussterben kann jedem passieren.

Die Evolution kennt keine Scheu vor „Zweckentfremdung". Aus Darmausstülpungen wurden Lungen, die Leben im sicheren aber sauerstoffarmen Flachwasser und dann die Umsiedelung an Land erlaubten. Wo man konsequente Neudesigns eigentlich viel zweckmäßiger finden könnte, entsteht Neues meist durch unglaubliche Kompromisse. Womit urzeitliche Fische zupackten, damit hören wir heute. Aus Kieferzangen wurden Hammer und Ambos im Innenohr des Menschen. Es ist, wie wenn man sich in einer Bastler-Werkstatt umschaut. Irgendwie entsteht eine Idee, wie man Altes völlig neu verwenden kann.

Prinzipienreiterei scheint also völlig fehl am Platz. Man lebt mit dem Kompromiss. Atmen und Nahrungsaufnahme erfolgen logistisch ziemlich unsinnig durch den gleichen Kanal, lustvolle Fortpflanzung und Ausscheidung auch. Da waren halt die Einstülpungen ins Epithel und es wurde damit irgendwie weitergebastelt. Und herausgekommen sind wir. Nur zufällig als Produkt unendlicher Schleifen von Versuch und Irrtum?

Der Stammbaum der Evolution und des Menschen ist nicht einmal ein ordentlicher Baum, wie ich das bisher dachte. Es ist mehr ein wachsendes Geflecht, manchmal in sich reflexiv verschlungen. Bei einer Iran-Reise sah ich einen solchen Lebensbaum in einer Moschee. Das Universum aus Wasser und Licht entstanden und seine unendlich verwundenen Ableger.

Ganz schön starker Tobak für meine Ordnung und Prinzipien liebende Seele!

Übrigens:

> *Der Übergang vom Affen zum Menschen sind wir.*
> Konrad Lorenz (1903 - 1989)

19. Aufbruch

Lächerlich! Unwissenschaftlich! Das war die Reaktion der herrschenden Lehre als der Arzt William Harvey im

17ten Jahrhundert Beobachtungen zur Theorie, dass unser Blut im Kreis läuft, verdichtete. Wegen der gefürchteten Konsequenzen für das Gebäude der Physiologie und Pathologie dieser Zeit dauerte es viele Jahre bis der Blutkreislauf Allgemeinwissen der Medizin wurde. Kaum vorstellbar aus heutiger Sicht. Aber es sollte uns zur Vorsicht mahnen. Weiß denn jemand, wie viel wir schon in den jeweiligen Gebieten wissen? „Was wir wissen, ist ein Tropfen, was wir nicht wissen, ein Ozean." sagte schon Sir Isaac Newton.

Rund 350 Jahre später vertreten Wissenschaftler um Prof. Albert F. Popp eine Bio-Photonen Theorie[14]. Diese geht davon aus, dass zu den entscheidenden Eigenschaften von biologischen Zellen Schwachlicht zählt. Bio-Photonen würden interne Prozesse und Kommunikation entscheidend beeinflussen. In den letzten Jahren hört man kaum mehr davon. Liegt es daran, dass die Hypothese einer solchen Wirkkraft einer aufgeschlossenen wissenschaftlichen Prüfung wirklich nicht standgehalten hat oder daran, dass sie durch die Erkenntnisraster des Establishments gefallen ist?

Gerade habe ich einen Fernsehbericht über Faszien-Forschung gesehen[15]. Faszien sind nicht nur die weißen Häute um die Muskeln, die wir vom Kochen her kennen, sondern ein komplettes Netzsystem, das den ganzen Körper durchzieht, den gesamten Skelett- und Muskelapparat entscheidend beeinflusst, aber auch

---

[14] Biophoton (Wikipedia)
[15] Faszien - Geheimnisvolle Welt unter der Haut (arte), vimeo.

direkt mit dem Immunsystem und psychischen Prozessen interagiert. Über Außenseiter und erst langsam gewinnt dieses Körpersystem Beachtung in der Medizin. Aber auch die technischen Entwicklungen z.B. im Bereich der Ultraschalluntersuchungen zeigen jetzt, was Praktiker schon lange ertasten konnten. Einer der mittlerweile anerkannten Pioniere Robert Schleip[16] kommt von der physio-therapeutischen Praxis her (Rolfing) und war als junger Psychologe in unserer Weiterbildung. Wieder mal ein wissbegieriger „Außenseiter", der übersehene Phänomene ins Licht rückt.

Neuere biologische Forschungen beschäftigen sich mit der Selbststeuerung und der Kommunikation von Pflanzen[17]. Die Wurzeln können z.B. den Blättern mitteilen, wie viel Feuchtigkeit sie verdunsten sollen. Bäume und Sträucher können ihre Nachbarn vor einfallenden Schädlingen warnen, mit Pilzen an den Wurzeln Austauschverhältnisse „verhandeln" wie auch über Düfte spezifisch Fressfeinde von Schädlingen herbeirufen. Da scheint es interne Steuerung zu geben, die der Funktion eines Nervensystems entspricht.

Da scheint es Sende- und Wahrnehmungs- Möglichkeiten und Codesysteme zu geben, für die man Beschreibungskategorien erst erfinden muss. Begriffe wie „Bio-Neurologie" und „Phyto-Hormone" rufen bei

---

[16] Faszien - EMS Symposium 2016 (youtube)
[17] F. Koechlin: Von Pflanzen, die kommunizieren (youtube)
Buch: Pflanzenpalaver (Weltbild)

den Statthaltern geläufiger Verständnisse Empörung hervor.

Dabei gäbe es in der Sache genug zu diskutieren.

Auch die Epigenetik-Forschung nimmt immer mehr Fahrt auf. Was man bei Gen-Betrachtungen als „Abfall" beiseitegelassen hatte, hat sich als „die Software des Gen-Systems" entpuppt. Durch sie wird über An- und Abschalten von Geneigenschaften entschieden. Ihre Programmierung wird durch Erfahrungen beeinflusst. Epigenetik beschreibt wie unterschiedliche Antwortschemata bei gleicher genetischer Strukturausstattung je nach Umwelt und individueller Erfahrung entwickelt werden. Diese Antwortschemata werden sogar vererbt. Schon C.G. Jung ging von Weitergaben von psychischen und kulturellen Erfahrungen aus und prophezeite einen künftigen wissenschaftlichen Nachweis. Epigenetik erlaubt nun, die Vererbung von Erfahrungen über Generationen empirisch zu untersuchen.

Das wiederum unterstützt neueres Denken in der Psychotherapie. Es wird fraglich, wie viel psychisches Erleben auf Ereignisse aus der eigenen Biographie und wie viel auf Erfahrungen voriger Generationen zurückzuführen ist. Jeder tritt auch ein Erfahrungserbe an und muss es *ver*-antworten. Herausforderungen einer Generation führen zu Entwicklungsstrebungen in der nächsten Generation. Diese sind dann getrieben, neue Antworten zu suchen und sie geben den Stand der Entwicklung wieder epigenetisch an die nächste Generation weiter.

Faszinierend für mich sind Schlussfolgerungen für das Darwin'sche Prinzip von Mutation und Selektion.

Ich konnte mir nie vorstellen, dass komplexe Entwicklungen über reine „Zufalls-Mutationen" funktionieren sollten, auch nicht, wenn man schier endlose Zeitdimensionen annimmt.

Jetzt kann ich mir die Mutation als ein relativ gezieltes Antwort-Experiment auf eine „geerbte Herausforderung" vorstellen, also „gerichtete Mutation". Selektiert werden dann die Antworten, die am besten passen. „Survival of the fittest" wäre dann zu übersetzen als Stärkung der Evolutionszweige, in denen unter den jeweiligen Umständen Antworten in die richtige Richtung weiterentwickelt und an nächste Generationen weitergegeben wurden. Die Entwicklung von Symbiosen und Kooperationen scheint hierbei neben Wettbewerb eine entscheidende Rolle zu spielen.

Faszinierend diese neuen Triebe am Baum der Erkenntnis! Und doch wissen wir das meiste nicht. Immerhin verlieren überkommene Schemata an Bedeutung und andere gewinnen. Die klassische Gegenüberstellung, ob Anlage oder ob Umwelt entscheidet, transformiert sich z.B. in Diskussionen, wie man sich Gewichtung und Zusammenspiel bei einem Sowohl-als-auch vorstellt. Ist das nicht schön, wenn man an der geistigen Entwicklung seiner Zeit teilhaben darf, auch wenn einem leider nur ein sehr kleiner Ausschnitt aufscheint?

20. Resonanz

Viele Menschen scheinen Resonanz zu vermissen. Bücher wie z.B. *Resonanz* (Hartmut Rosa)[18] oder *Herztöne* (Martin Schleske)[19] werden begeistert empfohlen. Ein Zeichen dafür, wie verbreitet die Sehnsucht nach Resonanz ist? Stimmt es, dass viele das Gefühl haben, dass ihre Welten und ihre Beziehungen nicht genug zu ihrer Seele sprechen?

Der Begriff Resonanz trifft Gedanken und Empfindungen, denen die meisten schon öfter begegnet sind und zu denen es viele Beschreibungen gibt. Der Jungianer Peter Schellenbaum z.B. hat in den 1980er Jahren

---

[18] Hartmut Rosa: Resonanz (youtube).
[19] Martin Schleske - Herztöne (adeo Verlag, youtube).

Dingbilder und *Wirkbilder* unterschieden[20]. *Dingbilder* sprechen nicht wirklich zu unserem Innersten, bleiben banal, auch wenn sie etwas zeigen, was uns eigentlich berühren müsste. *Wirkbilder* berühren uns, bereiten Erfahrungen, die am Ende des Tages bleiben, selbst wenn sie etwas eigentlich Unscheinbares zeigen.

Bei Resonanz geht es um mehr als um *Empathie* oder *Authentizität*. Es geht darum, dass im Kontakt mit der Welt Schwingungen entstehen. Ich erlebe, dass vieles in mir anspricht, dass ich in anderen etwas zum Schwingen bringen kann, Resonanz eben. Dadurch werden wir wichtig für einander. Nicht immer sofort, aber dann doch, weil es einen nicht loslässt, eine äußere und/oder innere Bewegung von einem verlangt.

Es geht auch um mehr als um das oft so überhöhte *Hier und Jetzt*. Wenn Vergangenes, Gegenwärtiges und Zukünftiges, wenn eigenes und anderes miteinander in Schwingung geraten, entstehen Lebensgeschichten und Gemeinschaften. Nicht präsent zu sein, kann als Leere empfunden werden, manchmal mit Supersound und Dynamik übertönt. Nur gegenwärtig sein ohne Schwingung mit der Geschichte, dem Umfeld oder einer Zukunft kann Entwurzelung und verklärte Öde bedeuten. Was miteinander schwingt, verbindet sich miteinander.

---

[20] Bernd Schmid, Rainer Müller (tredition 2016): Psychotherapieschulen und ihre Schlüssel-Ideen, Gründer, Stories, Extrakte.

Resonanz kann durch die Beziehung einem Thema, zu einer Sache genau so entstehen wie zu anderen Menschen[21]. Dabei geht es nicht nur um Mitgefühl oder Verstehen, sondern auch um Widerspruch, um das Erzeugen von Dissonanzen. Es geht nicht nur um Anschauen, sondern auch um Bewirken. Jeder muss dabei finden, was ihn berühren kann, seine „Resonanzachsen" erkennen und pflegen.

Es sei heute paradox: Die meisten Menschen ringen um Resonanz, indem sie ständig ihre Möglichkeiten in der Welt erweitern: mehr interessante Themen, mehr Beziehungen, mehr Sichtbarkeit, mehr Einfluss, mehr verfügbare Mittel, mehr Fitness, mehr Genuss. Wachstum ohne Maß?! Und je mehr sie davon in Beschlag genommen sind, umso weniger merken sie, wenn das Verfügbare oder Mögliche zwar wächst, die Resonanzen aber verstummen. Dann suchen sie es mit „noch mehr" und verarmen genau daran. Dabei weiß man ja: Weniger kann mehr sein – weniger Anhäufung von Möglichkeiten, dafür mehr Erfüllung durch Resonanz.

Resonanz: Kein neues Thema, doch in neuer Sprache wieder belebt, erzeugt es neue Resonanz, zumindest in mir. Jeder sollte seine Grundhaltungen im Umgang mit der Welt studieren. Ob wir eine erfüllende Beziehung zur Welt haben, hängt mehr von unserer Resonanzkultur ab als von unseren „Verfügungsmöglichkeiten". Jeder hat seinen Stil entwickelt, bezüglich Glück und Unglück, Ängstlichkeit oder Zuversicht, Vertrauen

---

[21] Bernd Schmid/Wolfram Jokisch: ich/du- und ich/es-Typen (Das Coaching-Magazin).

oder Argwohn. Die gebildeten Gewohnheiten prägen unser Erleben recht unabhängig von objektiven Gegebenheiten. Wer zu Missmut neigt, tut dies auf jedem Niveau, wer froh sein kann, dem gelingt dies auch unter widrigen Umständen, von Extremsituationen mal abgesehen. Also lohnt bei aller Weltzugewandtheit, für die ich immer plädiere, den eigenen Stil dabei zu studieren. Der eigene Wirklichkeitsstil ist einer der Universal-Schlüssel, wenn man verstehen will, in welcher Welt man lebt und mit welcher man schwingt.

21. Täter und Opfer

Es geht nicht um Vertrauen oder Misstrauen, sondern um Blindheit oder Wachheit dabei[22].

Die Welt ist in Unordnung. Das ist wohl wahr. Ausbeutung und Missbrauch vielerorts. Dabei soll nach unserem Grundgesetz die Würde des Menschen unantastbar sein. Durch Fehlverhalten und Fehlhaltungen wird genau diese Würde immer wieder beschädigt[23].

Und dies nicht nur bei den Opfern, sondern eben auch bei den Tätern. Auch Täter bezahlen, mit Verlust an Menschlichkeit, vielleicht ohne es zu erkennen oder bedeutsam zu finden. Menschen sind Erlösungsbedürftig.

Und die Opfer leiden doppelt. Sie erleiden Schaden nicht nur durch die Tat, sondern auch durch die Begegnung mit dem Bösen. Sie nehmen Bilder des Täters und der Täter-Opfer-Beziehung in sich auf. Das ist wie bei Dracula: Wer gebissen wird, ist angesteckt, selbst Vampir zu werden. Um dem zu entgehen, müssen Opfer nicht nur die Tat verarbeiten, sondern auch den Täter in sich. Zusätzlich betreten auch Helfer und Anwälte verschiedener Art die Bühne. Am Ende sind alle in Gefahr sich in Täter-Opfer-Dynamiken zu verstricken[24].

---

[22] Bernd Schmid *Originalton*, siehe Quellverweis im Buchanhang.
[23] B. Schmid: Auf der Suche nach der verlorenen Würde - Kritische Argumente zur Ethik und zur Professionalität in Organisationen und: Die Würde des Managers ist antastbar - Wider das Mitläufertum im Coaching.
[24] B. Schmid Audio: Täter - Opfer - Dynamik

Es gibt auch Missbrauch in Therapie und Beratung oder in Führungsbeziehungen. Hier gilt es, unmissverständlich Stellung zu nehmen. Doch reicht das? Sollten nicht gerade die mit etwas Autorität im Felde mehr dagegen tun? Doch konkret ist mutiges Handeln nicht einfach. In unserem Rechtssystem müssen Anschuldigungen bewiesen werden können. Dies dient dem Schutz vor übler Nachrede. Schlimm, dass Schuldige im Schutze dieser Regelungen so schwer zu stellen und von ihrem Treiben abzuhalten sind. Wird es versucht und tun die Medien noch das ihre, dann beschleicht einen oft das Gefühl, dass die Zusammenhänge im Dunkeln bleiben und am Ende nicht mehr Gerechtigkeit, sondern neuerliches Unrecht auf verschiedenen Ebenen entstanden ist. Und mancher, der den ersten Stein wirft oder Schlammschlachten in Gang hält, zielt so nebenbei auf den Spiegel, in den er vielleicht selbst blicken sollte. Allemal kostet alles Lebenszeit und Kraft, die für mögliche bessere Wirklichkeiten fehlen. Auch das muss verantwortet werden.

Ich selbst wurde in jungen Jahren von einem Veranstalter für humanistische Psychologie um meine Ersparnisse betrogen. Ich hatte mir nicht vorstellen können, dass jemand mit so hehren Inhalten kriminell sein könnte. Ich wollte Gerechtigkeit. Doch wurde ich von einem erfahrenen Rechtsanwalt gewarnt, ich solle schlechtem Geld nicht noch gutes hinterherwerfen. Trotzdem zog ich voller Empörung vor Gericht. Zwar gewann ich, doch half dies nichts, weil nichts zu holen war. Ich hatte weiteres Geld und Lebenskraft verloren, war aber um eine Erfahrung reicher. Aus dieser Erfahrung heraus, habe ich später noch oft lieber ein Unrecht erlitten als mich in „Gerichtssaal-Dynamiken" zu verstricken. Und ich selbst bin dabei gut gefahren, obwohl ich manch schändliches Treiben nicht verfolgt habe und auf vielleicht möglichen Schadensersatz verzichtet habe. Aber ich war auch selten Ziel von Rechtsbrüchen und krimineller Energie. Ich scheine dafür nur wenig vorgesehen.

Und wer weiß schon vor einer juristischen Auseinandersetzung, was herauskommt? Selbst erfahrene Juristen orakeln: *Auf hoher See und vor Gericht bist Du in Gottes Hand.* In diesem Sinne bin ich dann wohl kein Seefahrer. Auch habe ich wenig Talent als Eduard Zimmermann meines Fachgebietes. Da muss jeder selbst herausfinden, was ihn Schicksalhaft betrifft oder anzieht.

Bin ich also ein Pilatus, der seine Hände in Unschuld wäscht? Ich weiß es nicht so recht, weil ich schwer einschätzen kann, ob die Verfahren gegen vermeintliche Sünder rechtens sind oder nicht. Wie soll man das vorher wissen? Kann man zurück, wenn alles erst im Gerichtssaal gelandet ist? Wegschauen möchte ich nicht, doch heißt Dinge sehen nicht unbedingt, sie öffentlich anklagen müssen, obwohl das zum Schutz oder zur Würdigung von Opfern erforderlich sein kann. Aber irgendwie interessiert sich meine Seele nicht für solche Bühnen und diese Art von Auseinandersetzungen. Wofür dann? Zur Neigung meiner Seele ist mir ein inneres Bild eingefallen, das ich aus einem Krimi aufgelesen habe.

Ein Mann lebt am Strand auf der kaum bewohnten Seite einer Insel. Eines Nachts, beobachtet er ein Pärchen, das in ein Motorboot steigt und aufs offene Meer fährt. Nach einiger Zeit kommt der Mann allein zurück und geht weg. Da draußen gibt es nur Nacht und Meer. Der Mann entzündet auf der höchsten Düne ein weithin leuchtendes Feuer und unterhält es die ganze Nacht. Im Morgengrauen erreicht die erschöpfte Schwimmerin das Ufer.

22. Nicht-Tun

Ich kann ganz gut abspalten, was mich nicht direkt angeht. Damit schone ich meine Kräfte, komme mir aber auch gelegentlich unempfindsam vor. Umgekehrt bemerke ich, wie viele Menschen um mich herum zu wenig von solchen Abwehrmechanismen haben. Sie fahren alle möglichen Programme hoch, auch wenn sie nichts tun können. Kein Wunder, wenn der Akku schlapp macht und dann auch für das Machbare Kraft fehlt.

Also Ausblenden-können (nicht müssen), Ungelöstem einen Stand-By-Status zuweisen, auch das will gelernt sein. Das konnte z.B. unser Geheimrat Goethe. Er konzentriere sich auf Farbenlehre und sein Sommerhaus in Weimar als „nebenan" die Französische Revolution tobte. So behielt Goethe die Schöpferkraft für das ihm Mögliche. Das Dilemma-Konzept des **isb**[25] hilft identifizieren, wann man sich in Unlösbarkeiten verzehrt.

Ich will dennoch nicht dem Gegenteil von Engagement, nämlich dem „Nichtstun" das Wort reden. Denn: Wer, wenn nicht wir?..."

Vielmehr geht es um die andere Form des Engagements: Das Nichttun!, das in verschiedenen fernöstlichen Traditionen einen hohen Stellenwert besitzt[26].

Man stellt sich der Fragestellung, lotet das Sinnvolle und Mögliche aus, teilt es auch mit denen, die sich dafür öffnen und adressiert die, die es angeht. Ansonsten überlässt man dann die Verantwortung dem Kosmos. „Absichtsarmes Engagement" habe ich eine solche Haltung mal genannt[27]. Das kann man schlecht

---

[25] isb GmbH, siehe Buch Seite 180.
[26] Wu wei (Wikipedia).
[27] Die Wirklichkeitskonstruktive Perspektive- Schmid 1989 (isb campus/pdf: 004 Die Wirklichkeitskonstruktive Perspektive).

logisch definieren, aber viele kennen diesen Schwebe-
zustand, in dem man sich wirklich zuwendet, ohne
etwas bewirken zu müssen. Michael Ende hat ihn in
der unendlichen Geschichte als das 3. Tor beschrieben, das sich erst öffnet, wenn man trotz aller Dring-
lichkeit, den Durchgang nicht mehr erzwingen will.

Es können ohne Willen des Ichs Kräfte wirken, und
auch ohne Tun. Jeder erfahrene Supervisor hat schon
erlebt, dass nach sorgfältiger Erörterung eines Prob-
lems keine „Umsetzung" mehr erforderlich war, sondern „zu Hause" eine bereits im Sinne der Supervision
veränderte Situation vorgefunden wird. Das kann geschehen oder auch nicht. Mal muss man tun und sogar
noch mehr tun als bisher und mal muss man sich überlassen, lediglich für Beistand in verzweifelter Lage
offen sein. Wann was gilt, ist schwer zu entscheiden.
Immerhin kann man chronische Einseitigkeiten bei
sich und anderen entdecken. Es bleibt ein Balance-Akt
auf manchmal hohem Seil. Lebenserfahrung und Ver-
ankerung in kollegialen Beratungsgruppen können zu
einem größeren und schwereren Balance-Stab verhel-
fen. Damit balanciert es sich besser.

23. Zeitqualitäten

Zeit hat nicht nur ein Mengenmaß, sondern auch eine Qualität. Jeder kann mit „blaue Stunde" etwas verbinden. Irgendwie geht es um Entspannung, Auflockerung und Muße. Wir können also fragen, welche Qualitäten die Zeiten jeweils haben, die sich zu unserem Leben addieren. Wie wir unsere Zeit verbringen, sollte mit unseren Bedürfnissen nach bestimmten Qualitäten und unseren Neigungen und Talenten, sie zu leben verbunden sein. Ein guter Mix von Zeitqualitäten hält lebendig. Ein Mangel an notwendigen oder gewünschten Zeitqualitäten kann Entwicklung behindern und das Leben verflachen lassen.

Jeder kann für sich identifizieren, welche Qualitäten er lebt, bzw. welche Mischungen ihm Lebendigkeit,

Selbstgefühl und Selbstwirksamkeit ermöglichen. Davon ist viel auch im Berufsleben und im Alltag möglich. Z.B. ist ein wichtiger Faktor von Lebendigkeit im Beruf (und damit ein Mittel gegen Burnout und Boreout), dass die Rollen und Tätigkeiten stimmige Zeitqualitäten erlauben. Jeder Einzelne sollte sich den Spielraum schaffen, die möglichen Zeitqualitäten bei den beruflichen Tätigkeiten zu leben.

Bei Überlegungen, welches die wichtigsten Qualitäten sind, fallen mir drei ein. Ich möchte sie überschreiben mit Routine, Innovation und Pflegen:

Routine

Die Dinge wiederholen sich. Man fühlt sich vertraut, kennt die Art von Situationen und Abläufen, weiß im Prinzip, was zu tun ist und woran man sich dabei orientieren kann. Man hat mit Inhalten und Menschen zu tun, die man vom Typ her kennt. Man kann quasi auf Autopilot schalten. Das kann von einfachen Verwaltungsvorgängen bis zu durchaus komplexen Tätigkeiten reichen. Sie sind aber mit gewohnheitsmäßig verfügbaren Kompetenzen zu gestalten, einschließlich gewohnheitsmäßiger Intuition und Kreativität. Es geht darum, eingeführte Wirklichkeiten in bleibender Qualität wiederholt zu inszenieren.

Innovation

Ungewohntes steht an. Routine reicht nicht aus. Neues muss entwickelt werden, sei es, dass Vertrautes in so bisher nicht dagewesener Weise kombiniert werden muss oder gar „auf der grünen Wiese" etwas ganz Neues entstehen soll. Was und wie ist mehr oder weniger unbestimmt. Dem hohen Orientierungsbedarf stehen wenige oder unsichere Orientierungsmöglichkeiten gegenüber. Bei aller Unsicherheit muss Drive entwickelt werden, was zu probieren, Pilote zu inszenieren. Neuentwicklungen sollen vorangebracht werden. Bei aller Unsicherheit muss man es irgendwo hernehmen, sich selbst und andere zu beseelen und in Schwung zu halten. Letztlich sollte eine gelungene Erstaufführung neuer Inszenierungen herauskommen.

Pflegen

Die Voraussetzungen für Gestaltung sind zu pflegen. Dazu muss man sich „aus dem laufenden Betrieb lösen". Abstand zu Bewältigung und Ergebnisdruck entstehen lassen. Sich neu organisieren, zu neuen Ansätzen, Inspiration und Empfänglichkeit finden. Dabei können körperliche und seelische Erholung jeder Art, Ordnung neu herstellen oder Erneuerung durch bereichernde Erfahrung und schöpferisches Lernen im Vordergrund stehen. Es geht um Systempflege. Oft heißt das zunächst schlicht Abschalten oder Aufräumen. Aber auch Auflockerung und Hinwendung zu vernachlässigten Bedürfnissen sind für Selbstfürsorge wichtig z.B. sich für neue Erfahrungen und ein neues Selbstverständnis öffnen. Dabei darf man experimentieren, zwischen freien Ideen und Realisierungsmöglichkeiten, zwischen Bauchgefühl und Herausarbeiten, zwischen offener Suche und eingrenzender Verdichtung mäandern, für sich und mit anderen dialogisch lernen.

Bei gewünschter Optimierung entsteht eine Spannung zwischen zwei Idealen. Dem Ideal der (einseitigen) Vollkommenheit als erstrebenswerte Lebensmaxime steht die Vervollständigung (die ganze Vielfalt) gegenüber. Der ganze Mensch ist nicht der vollkommene, sondern der vollständige Mensch, propagierte der Tiefenpsychologe C.G. Jung. Er erschließt sich das Menschsein dadurch, dass er sich auf ein weites Spektrum menschlicher Wirklichkeiten zu beziehen lernt.

Natürlich sind diese Einteilungen nicht zwingend und jeder kann seine persönliche Version entwickeln. Das gilt auch für die oben beschriebenen Zeitqualitäten. Dabei kann dieselbe Situation für den einen Routine und für den anderen Innovation sein. Man kann sich Zeitqualitäten von Tätigkeiten und Rollen als Farben vorstellen. Wer wählt welche Farbe wofür? Oder man kann in Kombinationen und Mischungen von Farben denken. Muss eine bestimmte Tätigkeit diese Färbung, diese Kombination oder Mischung aufweisen? Könnte man Zeitqualitäten verändern? Stimmt das gelebte Portfolio so? Trägt es zur Gesundheit, zur Leistungsfähigkeit, zur Selbstfindung und Selbsterneuerung bei? Trägt meine Zeit die richtigen Farben? Kann ich, können andere etwas tun?

24. Österliche Stimmungen

Der Samen der besseren Ideen muss meist lange auf den Pflug des Umbruchs warten[28].

Da haben wir uns heute am Tisch mal wieder über den Zeitgeist unterhalten. Die KollegInnen erzählen aus den Unternehmen, aus Gesprächen auch auf Topetagen, wo sie den angefeuchteten Finger hochhalten, um zu spüren woher der Wind weht.

So vieles verläuft nebeneinander, scheinbar gegenläufig, eigentlich unvereinbar. Einerseits Profit- und Wachstumswahnsinn. Manche Konzerne sind selbst mit Rekordgewinnen unzufrieden, weil andere noch

---

[28] Bernd Schmid Originalton, siehe Quellverweis im Buchanhang.

mehr Profit machen. Selbst kraftstrotzende Unternehmen denken an weiteren Arbeitsplatzabbau, um die Aktienkurse hochzutreiben. Nicht nur, dass unter dem Primat des Profits Ressourcen geplündert und alle Begrenzungsbemühungen, z.B. beim Energieverbrauch überkompensiert werden, das weitere Öffnen der Scheren bedroht auch den sozialen Frieden und am Ende die Demokratie. Noch könnte dem wahrscheinlich durch ein Wiedererlangen des Primats verantwortlicher Politik Einhalt geboten werden, aber wie lange noch? Oder ist Demokratie eh bloß eine von anderen Kräften geduldete Variante gesellschaftlicher Organisation? Kann es gelingen durch ethische und politische Rahmensetzungen Wirtschaften vorrangig in den Dienst der menschlichen und gesellschaftlichen Wohlfahrt zu stellen?

Vielleicht eine Hälfte der verantwortlichen Akteure lebt ganz in der Magie des kapitalistischen Wirtschaftssystems, während die andere Hälfte ahnt, dass sich dieses System überlebt hat und zu einem Selbstzerstörungsprogramm geworden ist. Und als Privatmenschen räumen sie ein, dass das so nicht fortgesetzt werden darf. Doch als Funktionsträger in ihren Unternehmen leben sie in einer kollektiven Trance und haben keine Ideen, wie es anders sein könnte. Noch nicht. Die Magie der geschaffenen Wirklichkeitsgewohnheiten, in denen sich auch scheinbar Mächtige gefangen sehen, ist groß. Um die eingefahrenen Regelwerke zu verändern, wäre so vieles gleichzeitig und aufeinander abgestimmt zu tun, dass es schwer ist, Entwicklung in Gang zu bringen. Wir alle brauchen

Neu-Orientierung für unser Wirtschaften[29]. Vielleicht brauchen wir eine neue große tragende Idee, die jenseits der gängigen Ideologien liegt. Diese zeichnet sich noch nicht deutlich ab, weshalb sich viele an Vertrautes klammern. Allein anzuerkennen, dass die lange bewährten und Wohlstand für alle verheißenden Logiken der Industrialisierung am Ende sind, wäre schon viel. Aber wie sollte man aufgeben können, ohne zu wissen was kommt? Karfreitagsstimmung.

Auf der anderen Seite erleben wir viele kompetente und Wertorientierte Professionelle, die sich in einem Wirtschafts- und Gesellschaftssystem verwirklichen wollen, das ihnen Sinn macht. Sie wollen nicht in der Spaltung beruflicher und privater Identitäten leben. Das sind keine „Romantiker", sondern Leistungsträger und bereit zu humanem Wirtschaften. Irgendwann müssen sich die Systeme bewegen, wenn sie diese Kräfte binden wollen. Und da ist auch was im Gang. Überall werden Alternativen in Politik und Wirtschaft gefordert und diskutiert. Auch auf dem Weltwirtschaftsforum in Davos finden Kritiker aus Kultursicht Gehör. Selbst alternative Entwürfe der „linken" Kritikerin Sarah Wagenknecht sollen auf Interesse und Würdigung gestoßen sein. Ostersonntagshoffnungen?

Bahnt sich da ein Umschwung an, wie er durch das bekannte Bild von Yin und Yang illustriert wird? Sind da Pendel am Ende ihres Ausschlags und schwingen

---

[29] Bernd Schmid (2012): Orientierungspunkte für humanes Wirtschaften.

zurück? Treiben es davor die alten Kräfte auf die Spitze? Dominieren Verrücktheiten und Orientierungslosigkeit noch das Bild, während sich dahinter etwas Neues aufbaut? Sind düstere Aussichten auch ein Wahrnehmungsproblem? *Ein fallender Baum macht mehr Lärm als ein wachsender Wald*, lautet ein bekanntes tibetanisches Sprichwort. Oder etwas wissenschaftlicher in Begriffen von positiver und negativer Entropie: Auflösung von Ordnung ist leichter wahrnehmbar, weil Zerfall Energie freisetzt. Beim Aufbau des Neuen wird Energie gebunden. Es ist eine eigene Wahrnehmungskunst, heraufziehende, sich erst als Silberstreif am morgendlichen Horizont abzeichnende Entwicklungen zu erkennen.

Kann man die schlimmsten Entartungen der vergehenden Logiken verhindern, bevor sie die Zukunftschancen mit in ihren Niedergang reißen? Kann man Systeme, die sich in „systemrelevante" Größe und Undurchsichtigkeit flüchten, zur Mäßigung und zu geordnetem Rückbau bewegen? Dazu müssten ihre Lenker und alle sonstigen Share- und Stakeholder Schrumpfungen annehmen, ja konstruktiv gestalten lernen. Wir alle müssten uns positiv dazu stellen lernen, dass es nicht immer vorwärts oder aufwärts geht, sondern eben auch Aufgeben und Platz machen der Evolution dient. Aufstieg und Niedergang gehören zum Leben. Oder freundlicher: Die Systeme müssen ein- und ausatmen lernen.

Am Ende müssen wir alle lernen zu vergehen. Hat Altern nicht auch etwas von einem Leidensweg? Kann man ihn in Würde gehen? Gibt es so etwas auch für

Systeme und das Wirtschaften des industriellen Zeitalters?

25. Müdigkeit des Herzens?

Nun ist es endlich wieder sommerlich. Wir sind des unwirtlichen Wetters müde und Ferienreif. Ein anstrengendes Halbjahr liegt hinter uns. Voll von schöner Arbeit, reich an berührenden Begegnungen. Wir sind dankbar dafür, aber doch eben auch müde, wollen mal raus aus der Mühle, die Seele baumeln lassen.

Ist es nur diese Müdigkeit? Die vergeht, wenn wir Abstand nehmen und uns dann wieder auf den Alltag unseres Lebens, unsere Aufgaben und Beziehungen freuen? Vielleicht ist da auch noch eine andere

Müdigkeit, eine die allmählich mit den Jahren wächst. Bei allem Erfolgreichen und Schönen hat man doch immer wieder Belastungen, Verluste und Enttäuschungen verkraften müssen. Und nicht alle Segnungen der Zivilisation haben so richtig genährt. Vieles trägt zu so etwas bei wie „Müdigkeit des Herzens", wie sie der gut bürgerliche lebende Johannes Calvin bei sich feststellte, bevor er vor 500 Jahren zum Reformator mutierte. Nun nicht jeder hat dann gleich solche Ambitionen, doch möchte ich solchen Regungen schon etwas Aufmerksamkeit schenken, gerade um nicht mit einem schalen Geschmack auf der Zunge durchs Leben zu gehen, der untergründig Situationen und Beziehungen beeinträchtig, oft mit doppelbödigem Optimismus übertüncht. Die Gewohnheits-Strahlerei vieler mediengestylter VIPs kann einen frösteln machen.

Also, was ist es? Vieles, was immer begeistert und beseelt hat, erschöpft sich, droht durch Wiederholung und Gewöhnung an Glanz zu verlieren. Man kennt es schon. Die Seele sucht Neues, Anderes und Inspirierendes. Doch auch nicht zu Exotisches, Spektakuläres, mit leuchtenden Augen an den Haaren herbeigezogen. Man glaubt die Kurzatmigkeit mancher Schwärmereien schon zu kennen. Natürlich will man nicht die Aufbruchsstimmung anderer mit sogenanntem Realismus ins Banale abdrängen, will nicht alles entzaubern, nur weil es naiv oder illusionär erscheint. Ohne Zauber lebt man ja nicht besser. Und wir brauchen sie ja so dringend, die frische Begeisterung, die Bereitschaft, einfach mal anzufangen, anzupacken, sich anzuschließen. Doch man selbst kann da nicht mehr so leicht mit. Man mag nicht mehr jedem Flötenspieler folgen, weil man meint zu wissen, wohin die Reise geht. Begeisternde Aufbrüche sind zu oft im Treibsand von Illusionen, Trägheit, Unzuverlässigkeit, widrigen Umständen und nicht eingelösten Ansprüchen und Versprechen stecken geblieben. Dazu kommt, dass man mit zunehmendem Alter nicht mehr so leicht sein Herz verschenken, seinen Ideen Flügel verleihen kann. Das hat Vorteile, weil man mit den Kräften, auch den seelischen besser haushalten lernt, aber es kann auch Trägheit und Versäumnisse bringen. Man bückt sich nicht mehr so leicht nach jeder Nuss, wenn viele leer waren.

Da spüre ich gleich wieder das Thema Verantwortung, das mich oft beschäftigt. Da zeigt sich der Calvin in mir, würde vermutlich mein Freund Gunther sagen. Da hast du recht, Gunther, aber lass mich solche Empfindungen ausdrücken. Vielleicht hilft es mir. Je älter ich werde, desto mehr wird mir bewusst, wieviel Pflege die Lebendigkeit des Herzens und des Geistes braucht. Es ist nicht so leicht, bei allen Problemszenarien einer Zuversicht in gute Entwicklungen Vorrang einzuräumen. Es ist nicht so einfach, immer wieder enttäuschende Aspekte in Beziehungen hinzunehmen, sich ansammelnde Bitterkeit wieder loszulassen und es mit den guten Seiten auf ein Neues zu versuchen. Da ist immer wieder Seelenarbeit angesagt und manchmal geht das nicht leicht und nicht schnell. Wenn man zu leicht und zu schnell damit fertig sein will, bleibt zu viel Energie daran gebunden, die dann das Weitere beschwert.

Eric Berne, der Begründer der Transaktionsanalyse, sah stumme Verzweiflung im Hintergrund, wenn Menschen sich in schwierige Beziehungen verstricken oder ein destruktives Lebens-Drama veranstalten. Diese stumme Verzweiflung ist schwer zu fassen und doch subversiv wirksam, wenn sie nicht zur rechten Zeit und im rechten Maß Aufmerksamkeit und Sprache bekommt. Aber was ist das rechte Maß und wann ist der rechte Zeitpunkt, sich solchen Empfindungen zu stellen?

Ich weiß es auch nicht, aber vielleicht ermutigen meine Gedanken den einen oder die andere, in sich hineinzuhorchen und mit anderen nach Worten zu suchen. Dafür etwas Raum und Aufmerksamkeit zu verwenden, kann durchaus bereichernd sein, auch wenn es erstmal nicht so wirkt. Und schließlich ist Verzweifeln eine professionelle Kompetenz[30].

Ich jedenfalls merke eine positive Wirkung. Mein Gemüt hellt sich auf und mir ist eine wunderbare Freundschaft eingefallen, die ich im letzten Jahr neu geschlossen habe und auch sonst regt sich einiges Positive. Vielleicht ist es ja doch nur Erschöpfung, die Rückseite einer vorherigen Überbeanspruchung und die Seele erholt sich so oder so.

---

[30] Matthias Varga von Kibèd und Bernd Schmid im Gespräch: Verzweifeln - eine professionelle Kompetenz?

Komm sing mir mal ein schönes Lied.

So eines, wo man sich so richtig gut nach fühlt ...

- Ein schönes Lied (F-J. Degenhardt)

26. Herbst-Blätter

Heute ist Herbststimmung.

Ich sitze wieder am Schreibtisch und nehme die Fäden auf. Der Sommer war groß. Wir haben unsere Auszeit im Garten und abends mit Fahrradtouren in der Region verbracht. Wie schön ist es doch hierzulande, wenn das Wetter mitspielt.

In das Nachspüren mischt sich Wehmut ein. Wieder geht ein Sommer dahin. Je älter ich werde, desto widerstrebender lasse ich ihn ziehen. Wenn die geernteten Felder den Horizont wieder geräumig werden lassen, ist der Ausklang schon zu ahnen.

Unser Schattenbaum am Essplatz beginnt seine Blätter zu werfen, jeden Tag ein paar Duzend. Das wird nun wochenlang so gehen. Man kann sich wegen der täglichen Mühen belästigt fühlen oder darüber meditieren. So wie ich auch bei jeder Fahrt gen Heidelberg beim Türmchen unseres Hospizes meditiere. Meine Koautorin Christiane Gérard hat sich dort verabschiedet. Das ist jetzt schon wieder Jahre her.

Im Garten haben wir unseren Kater Max beerdigt - neben dem Seelenschiff an der Sterbestelle unseres Sohnes. Er hat seinen Max geliebt. 15 Jahre hat uns dieser Kater begleitet, kam uns maunzend entgegen, wenn wir das Haus betraten. Unsere Tochter betrachtete er seit seiner Geburt in ihrem 11ten Lebensjahr als seine Mama. Vergänglichkeit rund um uns. Nahe Menschen verlieren an Lebenskraft oder sterben. Man kann eben nichts festhalten. Mir fallen die vier Linden am Heidelberger Universitätsplatz ein. Nur drei ließen im Herbst ihre Blätter fallen. Der vierte war gestorben. Er hatte nicht mehr die Kraft loszulassen.

27. Wundersames

Wenn wir in unserer jährlichen Gomera- Männergruppe so beisammensitzen, dann werden auch immer wieder wundersame Dinge erzählt.

Da erzählt einer von seinem Freund Walter, einem Menschen, dem übliche zivilisatorische Rollen fremd sind, der aber jederzeit befragt werden kann, was mit einem verschollen geglaubten Familienmitglied los ist, und der dann angeblich telepathisch Kontakt aufnimmt und erklärt, wo und wie sich dieses befindet. Das alles soll sich nachträglich als richtig erwiesen haben. Ein anderer hat zum xten mal die Castaneda-Bücher[31] gelesen und man merkt, dass bei ihm die

---

[31] Carlos Castaneda, Ethnologe und Schriftsteller (Wikipedia).

magische Welt des Don Chuan und unsere aufgeklärte Welt gut nebeneinander existieren können. Ein anderer berichtet von der Teilnahme an Seminaren zu Rituellen Körperhaltungen und ekstatischer Trance und darüber, was er dort alles Übersinnliches erlebt hat. Und von Wiedergeburt der einen oder anderen Art sind einige eh überzeugt. Ich bin dann hin- und her gerissen: Da sitzen Männer, deren Realitätstüchtigkeit für mich außer Frage steht und berichten von Dingen, die mir magisch erscheinen. Würde ich das alles auch so erleben? Ich habe ja schon einiges erkundet und konnte nichts erkennen, was sich nicht mit einem aufgeklärten Weltbild in Übereinstimmung bringen lässt. Warum findet das Magische immer statt, wenn ich nicht dabei bin oder so, dass bei mir nichts ankommt? Bin ich esoterisch unmusikalisch?

Ich probiere es dann mit respektvollen Haltungen. Mir ist jede Metaphysik recht, wenn ich ihre segensreiche Wirkung in diesem Dasein erkennen kann. Wenn ich sie jedoch als Ersatz oder gar Rechtfertigung für mangelnde Verantwortung diesem Leben und der Mitwelt gegenüber erlebe, ist mir jedes physische wir metaphysische Glaubenssystem suspekt. Ich finde gut, wenn jemand an eine andere Welt glauben kann. Wenn es allzu konkret wird, erheben sich eher praktische Probleme. Z.B. Warum soll jeder in früheren Leben nur hervorgehobene Rollen innegehabt haben. Oder war in einer sogenannten „Rückführung" mal von einer einfachen Magd, einem Hirten oder Bauarbeiter die Rede? Oder: Mir fehlt die Phantasie, wie das sein soll, wenn sich alle „Verwandten" irgendwo wiedersehen. Wenn ich an unseren verstorbenen Sohn denke, gibt es eine solche kindliche Sehnsucht in mir und ich kann mir vorstellen, dass mein Gemüt mir solche Bilder zuspielt, wenn meine Kerze am verlöschen ist. Ich hätte wahrlich nichts dagegen, doch kann ich mich heute nicht damit identifizieren. Aber wer weiß, ob ich jetzt im Vollbesitz meines Verstandes bin oder noch verblendet vom Schleier oberflächlicher Wirklichkeit.

Ich weiß, dass Fragen nach Glauben, einem Jenseits oder Gott nicht geklärt werden können. Deshalb sind es ja Glaubensfragen. Und wenn jemand eine einschneidende Erfahrung macht, egal wie man deren Quelle und deren Natur von außen einschätzt, kann diese einen unbedingten Glauben und erstaunliche körperliche Erscheinungen hervorrufen. Warum auch nicht, aber wie soll unser aufgeklärtes Bewusstsein damit umgehen? Selbst wenn Uri Geller wirklich Gabeln mental verbiegen konnte, sind solche Fakir-Künste wichtig? Da wird mir entgegengehalten, dass, egal, was sich am Ende als gültig erweist, man besser lebt und getrösteter, wenn man über empirische Wirklichkeit und Sterblichkeit hinaus von Jenseits- oder Danach-Existenzen überzeugt sein kann. Ja, aber will ich das? Ich habe in Afrika, China, Tibet und Indien Spielarten solcher Glaubenswelten erlebt, die Menschen mit größter Selbstverständlichkeit leben. Ich habe sie als magische Gewohnheiten und für mich wenig erstrebenswert empfunden.

Nein, ich lasse mich dennoch nicht als Banalisierer einordnen, als jemand, dem wegen angeblicher Aufgeklärtheit nur Sinn-Wüsten bleiben. Schon gar nicht mit Berufung auf Wissenschaften, von denen sich viele als mehr oder weniger magische Glaubenswelten erweisen werden. Warum soll die Wissenschaft von heute nicht in 500 Jahren genauso betrachtet werden, wie wir auf viele „Wissenschaften" des Mittelalters schauen? Und über die Jungsche Psychologie bin ich vertraut mit dem, was dort Synchronizität genannt wird: Sinnzusammenhang jenseits von Zeit, Raum und Kausalität[32]. Ich beschäftige mich durchaus mit Glaubensfragen, auch wenn mir für Humanität Säkulares ausreicht[33]. Auch ich habe schon einiges Wundersame beschrieben.

Ich finde mich wieder in den Ansichten des Philosophen und Bewusstseinsforschers Thomas Metzinger. Er würdigt alle spirituellen Erfahrungen, geht aber davon aus, dass mit dem Erlöschen der Gehirnaktivitäten individuelle Welten erlöschen. Es bleibt nichts Persönliches außer den Spuren, die man hinterlässt. Klar kann man annehmen, dass der Kosmos nichts verliert, aber das, was bleibt, hat mit Biographie nichts zu tun. Da gilt eher das Bild vom Tropfen, der in den Ozean zurückfällt. Das Geheimnis liegt in der Evolution mehr allgemein. Und ich finde mich eben damit ab, dass ich nur eine klitzekleine Gastrolle darin habe.

---

[32] Blogarchiv von Bernd Schmid. Blog 34 – Synchronizität.

[33] B. Schmid: Säkulare Seelsorge im systemischen Feld der Professionen und Organisationen (isb-campus).

Für mich ist Sinn in organischer Entwicklung immanent! Nein transzendent! Sagen die anderen. Unser Erleben verweist auf den höheren Sinn dort draußen. Das immanente Modell geht davon aus, dass Seele an Biologie gebunden ist. Dagegen meinen die Transzendenzanhänger: Das Gehirn ist nur Empfänger und Sender. Das Programm im Äther existiert unabhängig davon, ob Dein Radio funktioniert. Neue Apparate können das Programm weiter empfangen. Wenn ich in diesem Programm vorkomme, kann es auch individuell weitergehen, wenn die Biologie kompostiert ist. Vielleicht, doch was wäre daran besser?

Auf jeden Fall: Der Mensch lebt nicht vom Brot allein... Und sicher gibt es mehr zwischen Himmel und Erde als unsere Schulweisheit erträumen lässt. Nur was? Wir wissen es nicht, wobei wir wieder am Anfang wären und nächstes Jahr in unserer Männerrunde die Sache bestimmt nochmal neu diskutieren. Einig sind wir uns darin, dass, egal was und wie man glaubt, man selbst und die übrige Menschheit hier und heute etwas davon als segensreich zu spüren bekommen sollte.
Fangen wir doch damit an.

28. Gute Wünsche

Es ist die Zeit der guten Vorsätze und der Wünsche und Visionen für das nächste Jahr. Dieses wird, wie man sagt, das erste Jahr vom Rest des Lebens sein!

Für mich selbst halte ich es nicht so mit guten Vorsätzen, denke eher an den Satz: *Der Weg zur Hölle ist mit guten Vorsätzen gepflastert.* Mit Versagensgefühlen und Selbstvorwürfen bereiten sich manche selbst Höllenfeuer. Gute Vorsätze werden manchmal wie Drogen benutzt, befreien im Moment von schlechten Gefühlen, euphorisieren sogar, indem sie das bessere Leben in die Zukunft projizieren. Doch die Enttäuschung ist meist vorprogrammiert, was dann erst recht zu schlechten Gefühlen führt.

Und doch arbeite auch ich irgendwie daran, ein besserer Mensch zu werden. Aber wie?

Ich mache das für mich so, wie ich z.B. versuche, beim Tennis dazuzulernen. Wenn ich einen Fehler gemacht habe, versuche ich mir kurz die Natur des Fehlers klar zu machen und die Abläufe, in deren Zusammenhang der Fehler stand. Dann überlasse ich das weitere meinem Unbewussten und orientiere mich offen und mit Bewegungsfreude auf das weitere Spiel. Wenn sich Fehler wiederholen, beschimpfe ich mich nicht selbst, sondern habe Verständnis dafür, dass die Herausforderung offenbar größer ist als erwartet.

Ich hänge Fehlern nicht lange nach, sondern setze mir stattdessen einen weiteren Merkpunkt für das nächste Mal. Vieles verbessert sich dadurch, was oft der Aufmerksamkeit entgeht, weil allmähliches Wachstum eben nicht spektakulär daherkommt. *Ein fallender Baum macht mehr Lärm als ein wachsender Wald,* sagt das bereits erwähnte Sprichwort aus Tibet. Manches bekomme ich so nicht in den Griff. Dann probiere ich andere Varianten, soweit mir was einfällt. Wenn nicht, muss ich, müssen andere halt damit leben. Helfen da Schuldgefühle? Eher Aufrichtigkeit und die Bereitschaft, den Preis dafür zu entrichten. Ich halte es da mit Wolf Biermanns Liedrefrain: *Das ist halt so mit mir. Und bin halb froh mit mir.*

Wir waren bei den guten Wünschen. Ich wünsche uns ein Jahr des Lernens.

Ein Jahr, in dem

- wir zunehmend von den Machbarkeits- und Sieger-posen ablassen und uns auf wesentliche Erfahrungen und Leistungen besinnen,

- wir von der üblichen Neuigkeits-Trommelei Abstand bekommen und nachhaltig Themen und Entwicklungen pflegen, auch wenn sie keine kurzfristigen Spekulationsgewinne versprechen,

- wir uns darauf besinnen, was wir wirklich können, wofür wir uns eignen und wozu wir auch beitragen können,

- wir uns mehr trauen, auch wenn wir unsicher sind, weil es keine Schande ist, an Grenzen zu stoßen,

- wir Freundschaft bieten und die Freundschaft anderer annehmen,

- wir öfter Orte aufsuchen, an denen wir innehalten und uns besinnen können,

- wir uns weniger selbst optimieren und stattdessen anderen Anpassungsanstrengungen zumuten,

- wir Konzepte, Methoden und Philosophien auf konkretes Leben und Lernende zuschneiden statt Menschen aus dem Leben holen, um sie zu unterrichten,

- wie uns nützlich machen, auch wenn wir dabei nicht die Hauptrolle spielen,

- wir schon mal Freude an uns, der Welt und dem Dasein empfinden, auch wenn vieles unvollkommen bleibt.

Diese Liste könnte noch lange werden, aber auch das Wünschen sollte man nicht unnötig aufblähen. Wer will, kann wahrscheinlich spüren, worum es geht.

Unsere Arbeitsteilige Gesellschaft ist auch eine „Bildungsteilige Gesellschaft"[34] geworden. Bildung neu zu integrieren und am Menschen und seinen Lebenswelten zu orientieren, ist eine der großen Herausforderungen unserer Zeit.

29. Systemisch, so what?

---

[34] B. Schmid: Kleine Sittengeschichte, berufs- und lebensbezogener Bildung (isb-campus).

Dummheit und die verzweifelte oder skrupellose Bereitschaft religiöse Bedürftigkeit zur Verdummung und Ausbeutung zu nutzen, gab es schon immer. Dass es Narrative sind, über die aus religiösem Bedürfnis Kultur oder Unkultur gemacht werden, dass es religiöse Bedürftigkeit ist, die Menschen zu gewaltigen Leistungen anspornt, aber auch zu hemmungsloser Grausamkeit befähigt, ist nun auch nicht wirklich neu. Reliquien-Handel und der Handel mit Derivaten dürfen in einem Atemzug genannt werden.

Alt-Testamentarische Stammesverhältnisse und moderne Oligarchen-Systeme auch.

Und es gab erstaunliche Aufgeklärtheit zur Zeit der Medici in Italien, der Blütezeit von Chartre in Frankreich oder zur Zeit der Weimarer Romantik in Deutschland.

Systemisches Denken gibt es vielleicht (fast) so lange wie Menschen sich im Denken üben. Sprachen und Bilder waren anders, aber Wechselspiele wurden schon immer beobachtet und berücksichtigt. Steht systemisch nun heute für Aufklärung, für Wahrheitsliebe und Respekt vor anderen Menschen und Kulturen? Hoffentlich. Aber wir müssen uns einreihen in die Tradition der vielen, die große Gedanken, lohnenswerte Träume und wesentliche Einsichten angestrebt haben.

Wie andere auch werden wir zurecht daran gemessen, was wir von den Ideen leben. Walk he talk! Was höre ich nicht für Stories über naive Propheten systemischer Couleur, was erlebe ich nicht an Asozialem hinter den Kulissen und hinter den neuen Altären.

Zum Fremdschämen. Wir werden uns bescheiden müssen wie sich alle bescheiden müssen, wenn wir unseren Planeten nicht völlig ruinieren wollen. Und wir werden durch einigen Verzicht auf vermeintliche Größe nicht unglücklicher sein, vielleicht sogar heiter. Wir werden nicht automatisch bei den Guten sein, sondern zeigen müssen, dass wir zum besseren und nachhaltigen Leben im konkreten Vollzug beitragen und dessen Fortentwicklung konkret betreiben. Die Ehrlichen werden erkennen, dass auch wir auf dem Pfad der Evolution zu Fuß gehen müssen. Auf fliegenden Teppichen unterwegs sein zu wollen und gelegentlich im Licht von Tagungsscheinwerfern zwischen zu landen, könnte sich wegen möglicher Blend-Funktion, dem Verbrauch als gesellschaftliche Ressourcen und wegen völlig „unsystemischer Rücksichtslosigkeit" bezüglich Nebeneffekten als unklug und unanständig erweisen.

30. Kybernetischer Humanismus

„Man muss Kybernetiker werden, um Humanist bleiben zu können." – Peter Sloterdijk

Gemäß Sloterdijk ist nach den Zeitaltern des Animismus und des Maschinismus gepaart mit abmilderndem Personalismus jetzt das kybernetische Zeitalter ausgerufen. Jedes neue Zeitalter muss zunächst das vorige in seinem Selbst- und Weltverständnis kränken.

Dann aber muss es die Perspektiven der vorigen Zeitalter auch würdigen und integrieren[35].

Zur Überwindung eines maschinistischen Verständnisses von Organisationen haben wir an anderer Stelle beigetragen[36]. Mit Blick auf den Menschen bin ich durchaus auf Versöhnung mit animistischen und personalistischen Wirklichkeitszugängen aus, allerdings nicht durch Rückfall in alte Vereinfachungen oder in die Aufteilung auf verschiedene Lebensbereiche, sondern durch Versuche, sie in komplexere Weltsichten zu integrieren. Ich versuche z.b. durch die Integration von schöpferischem Arbeiten mit Träumen oder durch den Dialog mit Intuitionen und inneren Bildern, durch ein systemisches Verständnis von archetypischen Wirkkräften und Zusammenspielen, durch Ernstnehmen der Wirklichkeitsbildenden Kraft von Vorstellungen animistische Traditionen zu integrieren. Die neuere Schmerz-/Placebo-Forschung zeigt, dass hier ernst zu nehmende Einflüsse auf Gehirn und Körper zu beobachten sind. Darüber hinaus können viele Mythen unserer Marktwirtschaft auch als animistische Phänomene betrachtet werden, die, so irrational sie auch sind, dennoch Wirklichkeit massiv beeinflussen.

---

[35] SWR Tele-Akademie, Wissenschaft und Bildung des Südwestrundfunk. Prof. Dr. Peter Sloterdijk: Optimierung des Menschen? Vortrag 2007 Sendung: So. 16.01.2011, 08:00h.
[36] B. Schmid / S. Ebert (geb. Meyer) Organisation 2.0 - Plädoyer für eine durch Kultur gesteuerte Organisation in Jutta Rump: Organisation 2.0 (2011).

Für kybernetischen Humanismus brauchen wir eine neue integrierende Aufklärung, die kühne Zukunftsorientierung mit Demut paart. Das industrielle Zeitalter ließ uns noch die Hoffnung auf Beherrschbarkeit. Man konnte sich noch eine auf den Weltmeeren kreuzende verbesserte Titanic vorstellen. Auf dieser konnten sich humanistisch verstehende Berater ganz auf die Befreiung des Menschen von den Eierschalen belasteter persönlicher Entwicklung zu wahrer Autonomie konzentrieren. Heute sind diese Illusionen geplatzt und wir müssen uns fragen, ob nicht schon solche Heilungsvorstellungen Ausfluss von irrationalen Machbarkeitsphantasien sind. Das sind sie leider, zumindest was breite gesellschaftliche Wirkung betrifft[37].

Aber es ist viel schlimmer: Wir finden uns nicht in einer überlegenen Zivilisation, sondern eher in einer Nussschale im endlosen und unbeherrschbaren Ozean wieder. Oft ist die See ruhig, dann hofft eine Minderheit von Privilegierten doch noch auf eine Luxusfahrt. Doch zeigen die Elemente ihre Kraft, dann herrscht an Bord erhebliche Verwirrung, wie und wohin man entkommen und vorankommen könnte. Selbst Bankvorstände denken darüber nach, mit anderen zusammen Äcker zur Selbstversorgung im Notfall zu kaufen. Wer weiß dann Orientierung zu bieten? Und wem sollte an Bord welche Rolle eingeräumt werden? Ob die auf der Brücke kompetent sind, ist fragwürdig geworden,

---

[37] Michel Ventura und James Hillman: 100 Jahre Psychotherapie - Und der Welt geht's immer schlechter.

doch ob andere zu Recht Führung beanspruchen ebenso. Seelenfänger aller Art bieten ihre Dienste an. Unter dem Schiff die Tiefsee, von der wir eh nur ca. 5% wirklich wissen, über uns das Weltall, für das die Aufklärungsquote nicht besser ist. In uns glaubten wir die Genetik entschlüsselt bis wir bemerkten, dass die 95% Geninformation, die wir für Müll hielten, vermutlich die Software ist. Sie wird jetzt unter dem Etikett Epigenetik erforscht. Um uns Naturgeschehen, über das wir erschütternd wenig Kontrolle haben.

Dennoch: Das Schiff muss gesteuert werden, soweit im Spiel dieser Kräfte Steuerung möglich ist. Und vielleicht ist es gar nicht so schlimm, wenn Machbarkeits- und Sicherheitsphantasien platzen. Dann können wir dem Diktat der Beherrschbarkeit ein neues aufgeklärtes Weltbild entgegenstellen, das kreative Gestaltung, aufeinander Angewiesen sein und sich Anheimstellen neu integriert. Da Expertokratien unsere Probleme offensichtlich nicht lösen, müssen und dürfen wir unser Schicksal wieder beherzt in die eigenen Hände nehmen. Regression in illusionäre Spielarten animistischer, maschinistischer und personalistischer Traditionen würde uns die Kraft dafür rauben und an der heute möglichen Menschenwürde zehren. Fundamentalismus jeder Couleur gießt nur Öl in ohnehin kaum zu begrenzende Brände. Wir brauchen eine neue Aufklärung und neue Koalitionen und Kooperationen auf allen Ebenen der Gesellschaft, wenn wir eine Chance haben wollen. Ein Zurück gibt es nicht. Vielleicht werden wir auf längere Zeit nicht bestimmen können, wo wir uns wirklich befinden und wie der neue Kurs sein soll. Was wir aber tun können, ist an Bord eine neue Kultur einüben, die das Aushalten von Unsicherheit, den Abschied von überkommenen Traditionen und die gemeinsame Entwicklung neuer Selbstverständnisse und Beziehungen integriert.

Einüben von Kybernetischem Humanismus[38] auf den Archen unserer Zeit heißt, sich auf das konkret Gestaltbare konzentrieren und doch über die Reling des eigenen Schiffes weit hinausblicken. Global Denken und lokal handeln ... kennen wir doch schon länger.

Wir spalten so leicht unsere Lebensorientierungen auf und wissen sie dann nicht mehr zu integrieren. Aber abwechselnde Einseitigkeiten machen keine integrierte Ganzheit. Animismus, Maschinismus und Personalismus könnten neue Koalitionen im kybernetischen Zeitalter eingehen.

---

[38] B. Schmid: Kybernetischer Humanismus - Eine Hinführung und 99 Thesen zu einem Integrativen Humanismus.

31. Sheldrake's Spuren

Wer schreibt, der bleibt. Oder wie meine (heute über 100jährige) Lehrerin Fanita English[39] zu mir gesagt hat. Bernd, wenn Du willst Spuren hinterlassen, Du must schreiben und Schüler haben! Vergiss Deine Kollegen. Sie haben ihre Show zusammen und wollen nicht gestört werden. Ich habe Fanita's Rat (mit medialen Erweiterungen) befolgt. Und ich habe viele Schüler erreicht, aber auch Kollegen, manche erst mit Verzögerung. Ehrungen zeigen, dass Wahrnehmung im Feld entstanden ist. Soweit also „objektive" Spuren und solche in Menschen, die meine Zeit teilen.

Gibt es darüber hinaus andere Spuren?

---

[39] Bernd Schmid im Gespräch mit Fanita English (youtube)

Dieser Tage ist mir Rupert Sheldrake wieder eingefallen (ja der mit den morphogenetischen Feldern) und ich habe mir einige seiner aktuellen Vorträge[40] angehört: Immer wieder anregend! Z.B. seine Kritik an der Einseitigkeit der materialistischen Wissenschaften. Kluge Fragen an die Gewohnheiten der Wissenschaftswelten halte ich für richtig und inspirierend.

Sheldrake stellt z.B. das Gehirn als Speicher für persönliche Erinnerung infrage. Man habe bislang nicht plausibel bewiesen, dass Lebenserfahrung dort abgespeichert wird. Seine Alternative: Das Gehirn ist weniger Ablageort, sondern mehr eine Sende- und Empfangsanlage. Diese ist verbunden mit morphogenetischen (Gestaltbildenden) Feldern wie ein Computer mit einer Cloud. Mehr weiß man dazu noch nicht, kann ja noch kommen. Wir müssen eh damit rechnen noch unbekannte Wirkkräfte und Steuersysteme zu entdecken. Hormone wurden auch erst gerade mal vor ca. 100 Jahren entdeckt.

Es sei ein Denkmodell wie viele andere auch, das ernsthaft und fair auf Plausibilität überprüft werden sollte. Auch feste „wissenschaftliche" Meinungen dazu wären Ausdruck von zu überprüfenden Denkgewohnheiten. Die im Gehirn beobachteten Aktivitäten (Energie-Verschiebungen) beweisen nicht, dass Gedächtnis im Körper lokalisiert ist. Aktivitäten in Bildgebenden Verfahren zeugen vielleicht mehr von Senden und Empfangen als von Speichern und Abrufen. Wollte man die Funktion eines Rechners verstehen, könnte

---

[40] Die Befreiung der Wissenschaft, - Rupert Sheldrake (youtube).

man anhand beobachteter elektrischer Aktivitäten auch nicht feststellen, was genau mit Arbeitsspeicher, Festplatte oder Cloud geschieht, geschweige denn, welche Inhalte verarbeitet werden.

Nach welchen Prinzipien könnten wir dann mit dieser „Cloud" in Kontakt treten? Dies könnte mit Aufmerksamkeit und Ähnlichkeiten zu tun haben! Ich finde über Resonanz solche Erfahrungen, die z.b. meiner Eigenart, meinem Interesse und meiner Kompetenz ähnlich sind. Auch Erfahrungen anderer Menschen, z.b. meines Gegenübers erhalte ich als Resonanz, weil sie zu mir und meiner Aufmerksamkeit irgendwie passen. Solche Erlebnisse werden dann eher mit Intuition umschrieben.

Sollte also Wesentliches meiner Biographie gar nicht in erster Linie in meinem Körper gespeichert sein? Warum erinnere ich sie dann? Weil ich dem, der ich mal war, besonders ähnlich bin? Es ist kein Wunder, dass mein „Suchprogramm" aus der Cloud vorwiegend Inhalte liefert, die mir wie persönliche Erinnerung scheinen. Doch liefert die Suchfunktion auch Eingebungen, die aus „Erinnerungen" anderer stammen, also aus anderen Sphären und Zeiten, auch wenn wir nicht gewohnt sind, sie als solche zu identifizieren? So könnte man sich immerhin allerlei Phänomene erklären, die gerne z.B. als Gedankenübertragung oder Erinnerungen an „frühere Leben" gedeutet werden.

Ich selbst habe schon früher davon berichtet[41], dass ich Ideen, Kompetenzen, Verständnisse von Kultur und Sprache, Intuitionen bei mir entdecke, deren Herkunft ich nicht meiner persönlichen Biographie zuordnen kann, auch dann kaum, wenn ich Generationen vor mir in Betracht ziehe. Ich bin da vielleicht an einen größeren Strom angeschlossen, den die Jung'sche Psychologie das kollektive Unbewusste nennt.

Etwas Stärkendes, Tröstliches haben solche Betrachtungen für mich schon. Wenn ich dement werde oder sterbe, geht lediglich mein Sender/Empfänger kaputt. Das, was ich bis dahin kulturell hervorbringe, hat Chancen in einen Kulturstrom einzugehen, aus dem andere über Resonanzen schöpfen können. Es lohnt also weiterhin, sich um möglichst wertvolle Spuren zu bemühen, solange es noch geht. Ich brauche dazu keinen Glauben an eine individuelle Kontinuität.

Es macht auch plausibler, wenn durch finstere Zeiten hindurch Kultur irgendwo wie ein untergründiger Fluss weiterfließt, um später wieder an die Oberfläche zu sprudeln. Künftige Menschen fangen nicht von vorne an, wenn sie kreativ, geistreich und Kulturbildend wirken wollen. Manchmal in bestimmten Perioden treten kulturelle Schübe geradezu epidemisch auf. Hoffen wir, dass ein solcher Schub Kultur die Menschheit bald auf eine neue Ebene hebt, solange noch Zeit ist.

---

[41] Blogarchiv von Bernd Schmid, Blog 34.

32. Parallel-Welten

Es muss sie geben die Parallelwelten.

Manche Physiker behaupten das ja schon eine ganze Weile. Neben unserem Universum könnte es parallele Universen geben, die einen vielleicht näher und die anderen ferner, wenn man geographische Metaphern da überhaupt benutzen darf. Manches zum Verwechseln ähnlich und anderes ähnlich und doch anders. So genau weiß man es nicht. Und man selbst kommt ja dann auch mehrfach vor, mal sich ähnlicher und mal anders. Und die Dinge geschehen in manchem ähnlich und in manchem völlig anders. Wer weiß, ob wir nicht plötzlich in eine der anderen Welten driften.

Irgendwie schwer vorstellbar das alles. Und man fragt sich, ob das praktisch überhaupt irgendwie von Bedeutung ist. Doch dann fallen mir Situationen ein, die sich mit Parallelwelten besser erklären lassen. Das fängt schon bei der Schilderung des letzten gemeinsamen Urlaubs an. In meiner Welt war da kräftiger Wellengang, so dass es nicht einfach war, ins Wasser und wieder herauszukommen. Bei meinen Freunden gab es Haushohe Wellen und Windstärke 12. Ich dachte schon, die tragen aber dick auf. Aber vielleicht war das bei denen ja genau so und ich war in einer der parallelen Welten. Wenn wir jetzt zusammen erzählen, scheinen wir ja wieder in einer Welt zu sein, was ja auch leichter so bleiben kann, wenn uns klar ist, dass wir eben im Urlaub gelegentlich eher parallel und halt doch in verschiedenen Welten unterwegs waren. Etwas schwindelig wird mir nur, wenn ich nicht weiß, ob sie oder ich dann noch die gleichen sind oder eben auch andere, ziemlich ähnlich aber doch vielleicht anders. Ich habe schon versucht das durch Fragen herauszubekommen, doch haben sie mich nur verständnislos angeguckt. Na ja, das kann man dann ja auch auf sich beruhen lassen, obwohl es einen z.B. in der Partnerschaft dann doch interessieren würde, ob der andere der andere war oder doch jemand anderes aus einer anderen Welt. Vorkommen tut es einem dann doch öfter so. Wenn ich nur daran denke, dass meine Frau sich genau daran erinnert, dass ich der Aufnahme eines Hundes aus der Verwandtschaft während unserer Ferien zugestimmt hätte, dann kann das nur mein Alter Ego in einer dieser anderen Welten gewesen sein. Doch will meine Frau das nicht gelten lassen, dabei muss sie ja die andere aus der Parallel-Welt sein, der mein anderes Ich das zugebilligt haben soll, ohne mich in dieser Welt zu informieren. Muss ich das jetzt eigentlich gelten lassen? Meine Frau, auf jeden Fall ist da ziemlich rigide, obwohl sie sonst Quantenphysik spannend findet.

Beruflich wird es dann ernster und es musste gelegentlich geklärt werden, ob da nicht das Parallel-Welten-Syndrom vorliegt. Da erzählen einem verschiedene Team- Mitglieder und der Leiter doch völlig verschiedene Geschichten von der letzten Sitzung, vom Projektstand, von Abläufen und gezeigten Haltungen. Für jede einzelne dieser Welten und der Steuerungsprobleme der jeweiligen Weltenvertreter hätte man ja auch guten Rat. Nur passen die Geschichten überhaupt nicht zusammen. Nun, dass Menschen Dinge manchmal unterschiedlich auffassen oder bewerten, ist ja nichts neues, aber dass Fakten völlig verschieden scheinen, ist normalerweise nicht zu erklären. Solange man darauf besteht, dass die Menschen mit denen, von denen erzählt wird, wirklich identisch waren und nur ein Geschehen in einer Welt infrage kommt, wird es eng. Entweder muss man Verrückte oder Lügner ausmachen. Um Faktisches auch zu belegen, gerät man unvermutet in Indizienprozesse, was erstens oft nicht einmal die Sachlage wirklich klärt und schon gar nicht zu einer Klärung im Sinne von Verständigung, welche Schlüsse zu ziehen sind, beiträgt. Aber sich auf die Seite einer der Welten und der Geschehnisse dort zu schlagen, ist auch keine Lösung, weil man das nicht aus wirklich guten Gründen tun kann und außerdem dann die Bindung zu den anderen in den anderen Welten verloren gehen kann.

Weitere Berater zuziehen, die sich dann würdigend auf die anderen Welten beziehen können, verschiebt das Problem nur. Obwohl, man kann ja annehmen, dass wir Berater dann untereinander mit dem Phänomen der Mehrfachwelten eher konstruktiv umgehen könnten. Nun, ob wir daraus zusammenführende Interventionen für die verschiedenen Welten machen könnten, ist fraglich. Das wird auch dadurch erschwert, dass die wenigsten Kunden bereit sind, sich dem Problem der Mehrfach-Welten auf konstruktive Weise zu stellen. Irgendwie bleiben sie dabei, dass es nur eine geben kann und die muss mit den Erlebnissen in der eigenen Welt übereinstimmen. Dann sind wir wieder am Anfang und die Berater sitzen mit in der Tinte. Manchmal ist Berater ein blöder Beruf und ich wäre lieber in einer der parallelen Welten, in der zwei, drei Dinge wirklich anders wären.

So bleiben wir dann doch in einem Mehrfach-Welten-Dilemma stecken und können uns nur etwas mit der Einsicht trösten, dass wir über die Hintergründe auseinanderdriftender Welten mehr wissen als andere, auch wenn das nicht immer anschlussfähig ist.

33. Müßiggang

*„An sich ist Müßiggang durchaus nicht eine
Wurzel allen Übels, sondern im Gegenteil
ein geradezu göttliches Leben, solange man
sich nicht langweilt."* – Søren Kierkegaard

Da hat doch eine sonst vielbeschäftigte, ja eigentlich
dauergestresste Professionelle in einem Podcast ver-
kündet, sie würde sich jetzt dank der Pandemie von
einem Human Doing zu einem Human Being entwickeln und dies als Bereicherung empfinden. Als Ge-
genstück fällt mir dazu ein Cartoon ein, bei dem ein
Couchpotato-Typ begeistert ist, dass er jetzt nicht
länger nur rumsitzt, sondern damit zur Rettung der
Menschheit beiträgt.

Wie geht es mir denn damit? Bezogen auf tägliche und operative Verantwortung bin ich im Ruhestand und mehr im Hintergrund tätig. Ich habe weder militante To-Do-Listen noch von außen bestimmte Meeting-Termine zu bedienen. Welche Erleichterung! Und dann bemerke ich sogar zusätzliche Entspannung, wenn ich wegen Corona Besuche und Reisen, ja auch Urlaube ausfallen lassen kann, wenn mein Kalender leer ist und ich den Tag nach Kraft und Neigung angehen lassen kann.

Nun habe ich allerdings fast 50 Jahre Beruf hinter mir und das Privileg, dabei aktiv, erfolgreich und gesund gewesen sein zu dürfen. Ich brauche heute kein Doing mehr, um mich zu bewähren, um zu wissen wer ich bin oder um wirtschaftlich abgesichert zu sein. Und ich darf mit Resonanz meines Umfeldes rechnen, wenn ich aktiv werde. Insofern kann ich von Erworbenem zehren. Dass für Menschen in anderen Umständen und in anderen Lebensphasen andere Maßstäbe gelten, ist mir bewusst. Und dennoch: Nicht alle waren und sind da auf dem richtigen Weg. Man kann sich nicht früh genug üben, eigene jeweils passende Balancen zu finden.

Bis ins 19. Jahrhundert hinein gehörte in unseren Breiten Müßiggang zu den bürgerlichen Tugenden, besinnlich leben, auch wenn man nichts direkt Verwertbares tut. Man könnte argwöhnen, dass das nur zulasten von Ausbeutung geht, doch muss das nicht stimmen. Die Produktivitätsgewinne könnten heute jedem erlauben, ein in Sachen Maloche und Konsum genügsames Leben zu führen und ansonsten sein Leben zu genießen. Solche Visionen hat auch schon Karl Marx einem ungerechten und ausbeuterischen Kapitalismus entgegengesetzt. Doch spielen wir alle eben auch mit, hat doch unsereins gelernt, sein Leben notfalls mit selbsterzeugtem Aktionsdruck zu füllen. Wir könnten das Ausharren im oft gescholtenen Hamster-Rad leichter beenden, wenn wir außerhalb mehr mit unserem Leben anzufangen wüssten. Vielleicht brauchten wir auch gar nicht soviel Absicherung gegen Verlustangst, wenn wir nicht um Lebendigkeit bangen würden. Schon interessant, warum in „Notstandsländern" die Menschen oft zu mehr Lebensfreude in der Lage sind als wir.

Eric Berne, der Gründer der Transaktionsanalyse, meinte, dass Menschen Lebens- und Beziehungsdramen veranstalten, um der „stillen Verzweiflung" zu entgehen. Wenn es still wird, kommen wir mit der Angst in Kontakt, unsere knapp bemessene Zeit könnte unerfüllt verrinnen. Mit Arbeit, Konsum, Dramen und Drogen ist die Zeit gefüllt und sich Spüren kann irgendwie veranstaltet werden, wenn auch nicht unbedingt auf beglückende Weise. Wie so oft, muss man sich bereit machen, dem Schwierigen, den eigenen Niedrigkeiten, der inneren Leere und Resignation zu begegnen, um neu beseelt werden zu können. Das alles, ohne zu sehr anzuhaften, sich zu wichtig zu nehmen.

Also: human being ist auch nicht alles, kann vielleicht nicht gehaltvoll werden, wenn man sich nicht auch als human doing erleben kann. Und man braucht die Resonanz anderer, um sich zu spüren und Sinn zu erfahren. Dabei sind Wirksamkeitserfahrung und Zugehörigkeit wichtige Dimensionen. Wer keine Hoffnung hat, irgendwie wirksam und in Gemeinschaft gern gesehen sein zu können, gerät leicht auf Abwege Richtung Krankheit, Sektierertum oder andere Formen von Destruktivität. Wer für sich keine Chance auf Respekt sieht, ist versucht, sich mit Entwürdigung dessen, was ihm unzugänglich scheint, „schadlos" zu halten.[42]

Unerfüllte Sehnsüchte nähren Häßlichkeiten.

Also ohne ein tätiges erfülltes Leben auch kein erfüllter Müßiggang? Müßiggang bedarf genauso der Übung wie gutes Tun. Wirksamkeit nach außen kombiniert mit Ernährung der eigenen Seele erlaubt, sich nicht in ruinösem Tun zu verschleißen und als Kompensation Konsum, Ressourcen ausbeutende und Menschen missbrauchende Selbstinszenierungen zu brauchen. Elite kann heute anders gehen, muss aber auch gelernt werden.

---

[42] B. Schmid: Auf der Suche nach der verlorenen Verantwortung (2011) und: Auf der Suche nach der verlorenen Würde (1991).

34. B- Note

Ich spiele mit einem jungen Mann Tennis. Eigentlich könnte er besser spielen, weil er 40 Jahre jünger und natürlich schneller und beweglicher ist. Doch behalte ich meist noch die Nase vorn und das aus zwei Gründen: Zum einen stellt er sich so eifrig in Position, um vorbereitet zu sein, dass er nicht schnell genug umstellen kann, wenn das Spiel unerwartet anders läuft. Würde er locker meinen Aufschlag auf sich zukommen lassen, könnte er behände reagieren, weil er sich nicht erst von seiner eingenommenen Position lösen müsste. Zum anderen legt er sein Spiel darauf an, „geniale Schläge" anzubringen. Die gehen dann oft daneben, weil die Ausgangslage doch nicht gut ist oder das Maß nicht stimmt, besonders wenn ich ihn auf dem falschen Fuß erwische. Ich empfehle ihm dann, einerseits locker zu bleiben und andererseits es lieber mit weniger genialen, dafür kontrollierten und gezielt platzierten Schlägen zu versuchen. Aber das fruchtet wenig.

Ich könnte das alles als jugendlich ungestüm abhaken, doch gab mir eine Antwort zu denken: *„Woher weißt Du, dass mir das mehr brächte? Ich finde es geil, wenn mir immer wieder mal ein toller Spielzug gelingt, oder ich nahe dran bin, auch wenn ich den Punkt nicht mache.*" Und tatsächlich, er wirkt zwar zunehmend frustriert, wenn der geniale Gestus wiederholt misslingt, kann aber so von sich selbst und unserem Spiel begeistert sein, wenn es dann mal doch gelingt, dass ich mir dagegen lustverarmt wie ein „Pietkong" vorkomme. Pietkong – kennt man das noch? So wurden vor Jahrzehnten lustfeindliche pietistisch Pflichtorientierte und in diesem Sinne meist auch dogmatische Menschen genannt. Er hingegen sucht den Genuss an der Geste, spielt nicht effektiv, aber sexy. Irgendwie sind da ganz verschiedene Gütekriterien am Werk und wir halten gelegentlich Zwiesprache darüber in Begriffen von A-Note und B-Note.

Er will schon gerne, dass sein Spiel effektiv ist, will schon für die A-Note punkten, aber viel mehr Lust bereitet ihm die gefällige Geste, die eher auf die B-Note einzahlt. Bei mir ist das anders: Ich übe mich ständig, taktisch kluges und effektives Tennis zu spielen, ziele also vorrangig auf die A-Note. Das bedeutet in erster Linie, mich frühzeitig bewegen und jeweils richtig stehen, um mit Stellungsspiel und am Ende mit einem gezielten Schlag den Punkt zu machen. Wenn ich dadurch zu einem beherrschten und beständigen

Spiel finde, fühle ich mich wohl, auch wenn das wenig spektakulär ist. Wenn dann mal ein genialer Move oder Schlag dazu kommt, freut es mich doppelt, aber nur als Zusatz.

Im Unterschied zu ihm ist die Lust an der Geste nicht so mein Ding. Dabei kommt es in vielen Zusammenhängen mehr auf die richtigen Gesten und die gemeinsame Lust daran an. Und Kinder lernen sehr viel darüber, zunächst Gesten nachzuahmen, auch wenn es sonst noch an Vielem fehlt. Sich in der Geste erleben und gefallen wollen steht nicht nur für die Annäherung an Können, sondern auch für Suche nach Identität und scheint für Persönlichkeitsentwicklung und Kultur elementar zu sein. Das Lifestyle-Business weiß davon zu profitieren. Auch in der Kommunikation mit Tieren scheinen Gesten entscheidend. Gesten sind wahrscheinlich das primäre Mittel für Verständigung. Aber ich bin halt genervt, wenn ich meine, dass sich Gefallen an Gesten verselbständigt und Anstrengungen in der Sache dahinter zurückstehen. Gut, bezüglich Ästhetik bin ich eher genügsam unterwegs, kann mich am Verzicht auf Unnötiges leichter erfreuen als an Schönheit oder Luxus. Sind meine Abneigungen also „Saure-Trauben-Reaktion"? Verdächtige ich Lust an Schönheit und Genuss zu leicht als oberflächlich und ungerecht gegenüber den Ernsthaften, die sich weniger in Szene setzten? Ist meine Parteinahme Ausdruck von Unbeholfenheit und Genussunfähigkeit gegenüber den schönen Dingen? Dies käme mir hart an. Aber solche Fragen lassen sich nicht völlig ausblenden.

Am Ende geht es wieder darum, falsche Polarisierungen zu vermeiden und sich so gut es geht um Ganzheit zu kümmern also um die Ergänzung durch das, was auch zum Menschlichen gehört, aber schwerfällt. Dafür ist Verzicht auf Polarisierung notwendig. Polarisierung senkt die Qualität an beiden Enden einer Dualität. Vielfalt tolerieren muss gelernt und Mittelwege müssen gefunden werden. Gemeint ist allerdings nicht irgendein lauer Kompromiss. Wo liegt jeweils der Sinnbereich und wo liegen die Grenzbereiche und wo fangen die Unsinnsbereiche der Positionen an? Denn die Lösung liegt nicht im Gleichgewicht der Einseitigkeiten, sondern im qualifizierten Ausgleich, den alle mittragen.

Und so suche ich auch mit meinem Tennispartner, wenn auch aus unterschiedlichen Perspektiven nach möglichst guten A- und B-Noten für beide.

35. Woodoo

Beim Räumen fiel mir eine ältere Schrift des 2013 verstorbenen Psychoanalytikers Gaetano Benedetti in die Hände. In „Der psychisch Leidende und seine Welt" beschreibt er Wirklichkeiten seiner Patienten in berührend einfühlsamer Weise.

Sein Verständnis zwanghafter Handlungen möchte ich als Beispiel so verdichten: Je mehr die Menschen aufgeben, sich den Herausforderungen komplexer Wirklichkeit zu stellen, umso mehr konstruieren sie eine symbolische Ersatzwelt. Diese entfernt sich weit von den Wirklichkeiten der Mitmenschen, kann aber auch kompliziert, anstrengend oder gefährlich sein. Immerhin meint man sich auszukennen und glaubt, durch rituelle Handlungen eine gewisse Kontrolle erlangen oder aufrechterhalten zu können. Jeder ist so jemandem angenehm, der solche Vorstellungen zumindest nicht infrage stellt. Therapie ist leider schwierig. Wer will schon wissen, was vom eigenen Weltbild als magische Abwehr von Hilflosigkeit betrachtet werden muss? Und wie soll man Aberglauben erkennen mögen, wenn man nicht im Gegenzug Respekt, Können und Selbstwirksamkeit erfährt?

Doch ist hier überhaupt nur von Kranken die Rede? Gilt das grundsätzlich nicht für uns alle? Reimt sich nicht jeder seine Wirklichkeit mehr oder weniger zusammen? Für Welterfahrung wird Wahrnehmung nur zu einem Prozent verarbeitet, der Rest ist Fortschreibung aus dem Gedächtnis, sagen die Gehirnforscher. Wir schaffen damit in uns selbst und in der Welt draußen immer wieder Ordnung. Dabei gestalten wir unsere Welten symbolisch und oft in rituellen Handlungen. Irgendwie gibt es einen Zusammenhang zur Welt draußen, sonst würde niemand und nichts funktionieren. Doch wie viel hat das mit Objektivität oder Richtigkeit zu tun? Nur Aberglaube, aber wirksam? Immerhin scheinen ja auch Woodoo-Rituale in fernen Ländern oder manche „esoterische" Methoden hierzulande zu funktionieren. Dann, wenn die Beteiligten eine Glaubensgemeinschaft bilden bis in ihre Körperfunktionen oder Organisationstrukturen hinein.

Vielleicht geht es auch weniger um Richtigkeit als um Anschlussfähigkeit in (Glaubens-)Gemeinschaften. Wir beschwören uns selbst und andere, unseren Glauben zu teilen, verteidigen diesen solange uns gemachte Erfahrungen oder Gegenwehr nicht massiv ins Unrecht setzen oder zumindest erschüttern. Solange wir andere finden, die unseren Glauben teilen, zumindest respektieren, nicht in andere Glaubenssysteme abspringen, ist unsere Welt in Ordnung. Wie? Unsere Überzeugungen, unsere Expertise als wilde Mischungen aus Teilkenntnissen und Annahmen, Denkgewohnheiten und Lieblings-Meinungen, die zu einer mehr oder weniger überzeugenden Story gefügt werden? Das erinnert mich an eine Äußerung von Francisco Varela in den 1980er Jahren: *Erklärungen sind Schnuller. Sie dienen hauptsächlich der Beruhigung und wiederholen meist nur die aufgeworfenen Fragen, nur so anders formuliert, dass sie akzeptiert werden.*

Und was hat das mit Woodoo zu tun? Woodoo als Religion mit vielen Spielarten kommt aus Afrika, wie die Menschheit überhaupt. Im Woodoo gibt es weiße Magie und schwarze Magie – Heilsgestalten und Zombies. Ursprung der letzteren: „Es soll sich dabei um geraubte, dauerhaft schwer narkotisierte Menschen handeln, die, in körperlicher Verwahrlosung lebend, Schwerstarbeit verrichten müssen." Jede Ähnlichkeit mit Erscheinungen unseres Berufslebens weisen wir entrüstet zurück. Aber dennoch: Unsere Kultur ein selbstgemachtes Produkt aus Glauben und Riten? Unterscheiden sich „die Kranken" von uns nur dadurch, dass sie keine Gleichgesinnten finden und ihre Überlebensfähigkeit infrage steht?

Wenn Ja, wäre das schlimm? Wie sehr unterscheiden wir uns von magischen Glaubenskulten wie Woodoo? Oder geht es mehr darum, uns weißer Magie statt der schwarzen, uns den Heilsfiguren statt den Zombies anzunähern? Wir alle leben mehr oder weniger auf Verdacht. Verdacht, der sich halt noch nicht überholt hat. Daraus ist niemandem ein Vorwurf zu machen. Gebildet ist, wer sich dem stellt. Norbert Bolz spricht von organisierter Ignoranz, gelehrter Unwissenheit.

Doch widerspricht das nicht unserer Erfahrung? Wir werden doch auch als kompetent gespiegelt, kommen zu akzeptablen Ergebnissen unseres Bemühens, ja liefern sogar anderen Menschen Wissen, Können, stimmige Erklärungen, manchmal existentielle Orientierung. Wie geht das zusammen? Eigentlich gut, wenn wir anerkennen, dass eh nichts anderes möglich ist, und dass wir dennoch handeln und so verantwortlich damit umgehen müssen, wie wir halt können. Wir müssen schwimmen, egal wie tief der Ozean unter uns ist, wir müssen mutig und vertrauensvoll schwimmen lernen, gerade weil wir nicht wissen, welche Überraschungen in der Tiefe auf uns warten. Wir können uns auch nicht wirklich gegen Unwägbarkeiten und Beunruhigungen sichern, ohne das Leben in uns und um uns durch Kontrolle zu ersticken. Zwangshandlungen und rituelle Beherrschungsversuche führen meist dazu, bekämpfte Unsicherheiten und Bedrohungen zu potenzieren. Das kann man nicht nur in der „Terrorbekämpfung" kolonialer Mächte beobachten. Aber welche Haltungen brauchen wir dann?

Vielleicht solche, die zum Sinnieren am Strand taugen oder dafür, etwas Abstand zu gewinnen.

36. Macht der Gewohnheit

*Je älter ich werde, desto mehr glaube ich, dass für
Änderungen in der Lebensführung der Umbau von
Gewohnheiten entscheidend ist.*

Ich erinnere mich an den Flair, von dem wir uns in der
Nachkriegsjahren umweht fühlten. Dazu suchten wir
in den 1970er Alternativen. Wir wollten keine Gewohnheiten haben. Ein Krieger (das Gegenbild und
natürlich ein Mann) hatte keine Gewohnheiten.
Dadurch war er vor Nachstellungen geschützt und
jederzeit alert im Hier und Jetzt. Dabei übersahen wir
völlig, dass ohne Gewohnheiten nichts funktioniert,
auch nicht für einen Krieger.

Aber dennoch war richtig: Eingeschliffenen Gewohnheiten können Lebendigkeit und Entwicklung ersticken. Hierzu gehören Gewohnheiten des Denkens und Fühlens, des Verhaltens und Zusammenspiels. Wie kann man solche Gewohnheiten aufbrechen.

Die Kunst des Dekonstruierens von verfestigten Wirklichkeiten wurde unsere ganze Passion. Systemisch am besten durch paradoxe Interventionen?! Besonders amüsant und inspirierend fanden viele unsere Beratung bei Asterix und Obelix[43].

Seither ist eine ganze Generation von systemischen Beratern damit beschäftigt, Kunden aus dysfunktional gewordenen Gewohnheitswirklichkeiten zu befreien. Erst mal frei würden sich die Systeme dann „neu kalibrieren", hoffentlich auf besserem Niveau. Und es ist ja immer noch richtig, dass man problematisch stabile Gewohnheiten irgendwie verstören, irgendwie flexibler kriegen muss, damit überhaupt etwas Neues geschehen kann. Aber das ist nur die eine Seite der Medaille. Die andere Seite der Medaille ist, dass neue Erlebens- und Verhaltensweisen bei Einzelnen, in Beziehungen, in Teams und Organisationen durch beständige Übung als neue Gewohnheiten erst gefestigt werden müssen. Oder als literarische Wendung: „Wir haben es uns mit der Zeit zur lieben Gewohnheit gemacht..."

---

[43] B. Schmid: Gegen die Macht der Gewohnheit. Systemische und wirklichkeitskonstruktive Ansätze in Therapie, Beratung und Training.

Die Chancen Neues beizubehalten und gegen den Sog der alten Gewohnheiten zu verteidigen, steigen dramatisch, wenn man einige Erkenntnisse beachtet. Die neuen Gewohnheiten müssen so konzipiert werden, dass sie, auch wenn ihre Verwirklichung ihren Preis hat, unterm Strich als Gewinn angesehen werden. Insofern sind Motivation und Einsicht schon wichtig. Änderungen sollten gewollt werden, zumindest aber das Verlassen der alten Positionen. Wann Willen erwacht, ist schwer einschätzbar und kaum von außen zu bewirken. Manchmal beschert einem das Schicksal ein Müssen. Das ist zwar weniger edel, kann aber durchaus Evolutionsförderlich sein. Schöner ist natürlich, wenn Wille und Kraft innerlich reifen, wenn man aufrecht aufbrechen kann, bevor einen das Schicksal auf den Knien schleift. Dazu braucht es Spielräume. Wille braucht Kraftreserven. Man muss sich von seinen sonstigen Anforderungen hinreichend entlasten, um es überhaupt mal anzugehen. Am Limit ist für stabile Neuorientierung keine Kraft.

Doch auch Einsicht und Willen allein reichen meist nicht. Es braucht auch kluge Designs und Strategien, um Gewohnheiten auf- oder umzubauen. Z.B. sollten die Schritte mit Spielraum machbar sein und so Abweichungen ohne „Niederlage" eingefangen werden können. Ich habe z.B. bemerkt, dass ich nachhaltiges Abnehmen erst schaffte, als ich ein einfaches Intervallfasten mit wenigen Regeln wählte, das auch mal ausfallen und jeden Tag neu aktiviert werden konnte. Ratgeber sind voll von guten Tipps, so dass ich es dabei belassen kann. Ich möchte jetzt eher noch eine Brücke zu Organisationen schlagen.

Für die Gewohnheiten von Systemen gilt wohl fast alles, was wir von uns persönlich kennen. Systemgewohnheiten sind deshalb schwer zu ändern, weil viele Zusammenspiele, Interessen und Kräfte dafür gebündelt werden müssen. Organisationen, die dringenden Änderungsbedarf empfinden, versuchen es meist mit zu schlichten oder einseitig modischen und am Ende mit brachialen Mitteln, weil sie nicht wissen, was sonst tun. Doch der Schlüssel liegt in der Weiterentwicklung ihrer Kultur, insbesondere von Lernkultur. Systemeffekte sind dabei entscheidend. Lernprozesse Einzelner, wenn auch gut gemacht und üppig ausgestattet, wirken zu wenig. Gute Vorsätze auch, weil alte Gewohnheiten durch unbewusstes Zusammenspiel befeuert werden. Ihr Sog kann durch Einzelne oder punktuelle Maßnahmen selten überwunden werden. Systemlernen[44] bietet hier deutlich bessere Chancen.

Allerdings erfordert Systemlernen seinerseits den Umbau von eingeschliffenen Bildungsgewohnheiten. Z.B. sollte statt zusammengewürfelter Seminare Lernen nahe an der Arbeit und im Alltag organisiert werden. Die wichtigen Player werden eingebunden und lernen miteinander an konkreten Beispielen ihrer gemeinsamen Verantwortung.

---

[44] B. Schmid - isb-Handbuch: Kap. 7 - Gemeinsam Lernen und System-Lernen Video vom Vortrag, PionierLabor, 2017.

Werden neue Zusammenspiele dann unter Alltagsbedingungen länger geübt, stabilisieren sie sich als neue Kulturgewohnheiten. Obwohl das zunächst eine anspruchsvollere Inszenierung erfordert, kann Entwicklung schon mittelfristig eigentlich einfacher und vor allem ökonomischer sein. Auch in Systemlernen gibt es niederschwellige Einstiege um nachhaltige Lernkultur-Entwicklung auf den Weg zu bringen. Sollten wir uns überzogene Erwartungen an schnelle Lösungen angewöhnt haben, wäre das auch eine Gelegenheit, uns auf ein realistisches und menschliches Maß umzugewöhnen.

37. Egotunnel

„Jeder gräbt sich seinen Egotunnel
und lebt dann schließlich darin!"

Dieser Satz stammt aus einem Gespräch mit dem Philosophen Thomas Metzinger[45]. Er beschäftigt sich damit, ob es eine Seele gibt, oder ob wir nur Gehirngetriebene Bio-Maschinen sind. Konsequent zeigt er auf, dass unser Selbst, unser Ich, sowie unser Welt- und Menschenbild ständig vom Gehirn generiert werden. Stellt dieses eines Tages seinen Betrieb ein, wird nichts bleiben. *„Jeder von uns ist der letzte Zeuge seines einmaligen und einzigartigen Daseins."* Unser Gehirn produziert aufgrund seiner Entwicklungsgeschichte ein Model von allem und hält dieses aktiv. Wir können nicht anders als alle Erfahrung durch Interaktion mit diesen Modellen zu erzeugen. Der so gegrabene Ego-Tunnel ist unser Leben.

Mein Bild von Seele[46] ist etwas poetischer, verträgt sich aber gut mit dieser Anschauung. *Ich stelle mir meine Seele wie ein unsichtbares Fischernetz im Ozean der Erfahrungen vor. Es hängt an Bojen, die an der Oberfläche sichtbar sind, doch das Netz reicht in Tiefen, die ich letztlich nicht ausloten kann. Das Netz selbst kann ich auch nicht wahrnehmen. Ich bekomme aber eine Vorstellung davon, durch das, was darin hängen bleibt. Dabei geht es nicht darum, ob mir gefällt, was sich da finden lässt. Allein, dass etwas ge-*

---

[45] Thomas Metzinger (Wikipedia).
[46] in: B. Schmid Persönliche Leitbilder und berufliche Lebenswege, 2014, 108 Seiten.

blieben ist, zeigt, dass es mit mir zu tun hat. Das so gefundene „Strandgut" erzählt immer auch von mir.

Menschen sind narrative Wesen. Wir erfinden ständig Geschichten und wollen uns und anderen Sinn damit machen. Wir wollen uns begreifen und verstehen, was uns aus dem Hintergrund mit Kräften, Handlungsimpulsen und Anziehung ausstattet. Das kann weniger analytisch als in Geschichten gefasst werden. Daher ist es spannend, unser „Strandgut", die inneren Bilder[47] und Geschichten und so Bereiche des Egotunnels zu erkunden. Hilfreich ist, wenn dies im Dialog geschieht. Erst im Erzählen und in Resonanz formen sich die Dinge aus. Dabei halten sich oft der Wunsch gefällige Oberflächen zu bieten und wirklich Neues, Berührendes zu erfahren, die Waage. *Welchen Teil bevorzuge ich, wenn ich z.B. eine gute Figur machen oder mit mir im Reinen sein will? Welchen Teil, wenn ich Dinge angehe, deren ich mir nicht sicher bin, die bislang eher ein Schattendasein geführt haben und vielleicht mit Ängsten und Scham belegt sind?*

Manchmal scheint der Tunnel seit langem fertig und Überdruss kommt auf. Man mag sich selbst nicht mehr zuhören. Als Labyrinth mit überraschenden Dimensionen könnten neue Tunnelbereiche faszinieren. Eine anregende Umgebung kann helfen, Signale von innen und außen wahrzunehmen. Vorsichtig tasten wir uns voran. Es ist als hätten wir nur eine Kerze und könnten jeweils nur wenig erfassen, doch kann Auf-

---

[47] Vortrag-Video: B. Schmid: Innere Bilder - Biographien - Berufslebenswege. München, Biographiefaktor-Kongress, 2016.

merksamkeit den Tunnel reich werden lassen. Was ist riskiert, wenn alles am Ende vielleicht nur zusammengereimt ist, wir und die Welt um uns damit aber reicher werden?

Wie bedeutsam sind dabei die Kategorien Wahrheit oder Lüge? Natürlich gibt es gewollten Lug und Trug und die meisten möchten nicht gerne damit zu tun haben. Unser Gehirn ist aber vermutlich weniger moralisch ausgerichtet als auf die Bewältigung von Herausforderungen und das Stiften von Sinn optimiert. Dabei sind wir leicht verführbar und sollten gut wählen, mit wem oder mit was wir Dialog halten. Propaganda und soziale Verhältnisse formen unsere Egotunnel mit.

Was ist dann eigen, was aufgesetzt? Was ist wahr, was unwahr? Was ungewollt verfälscht und was bewusst gelogen? Was ist poetische Kreativität und was Selbstbetrug? Schwer zu sagen. In jedem Fall brauchen wir auch gemeinsame Bezugsysteme. Gemeinschaften werden durch geteilte Narrative erhalten. Sich aufrichtig, konstruktiv und an Werten orientiert um Gemeinschafts-Tunnel zu bemühen, ist eine Frage der „wahrhaftigen Haltung". Und da kann man schon Unterschiede festmachen, die nicht jede Wirklichkeit und deren Erzeugung tolerieren müssen.

38. Konkurrenz

Es ist eine Freude, sich zu optimieren, es in einer Disziplin möglichst weit in Richtung Meisterschaft zu
bringen. Leistungslust und Schaffensfreude tragen
enorm zu Zufriedenheit und gutem Stolz bei, besonders nachdem man Hürden überwunden hat. Konkurrenz kann dabei helfen, gute Konkurrenz im ursprünglichen Sinne als ein „miteinander Laufen". Jeder wett-
eifert darum, die Mitläufer zu übertreffen, zumindest
irgendwie mitzuhalten. Das wichtigste an der Konkurrenz ist aber, selbst besser zu werden. Begeistert uns
nicht z.B. ein Fußballspiel, bei dem sich beide Mann-
schaften zu Höchstleistungen aufstacheln?

Konkurrenten sind weniger Feinde als Gegner. Hochwertige Gegner bilden eine Gemeinschaft, die Hoch-

wertiges stärkt. Eine gute persönliche Übung: An solchen Gemeinschaften Freude haben, auch wenn man nicht ganz vorne liegt. Jeder muss das lernen, wenn er den ganzen Bogen genießen will. Jeder wird am Ende das Feld anderen überlassen.

Hochwertige Gemeinschaften funktionieren nicht ohne Regeln. Regeln prägen Konkurrenz-Kultur, z.B. wenn der Sieger nicht alles bekommt und nicht allein im Rampenlicht steht, sondern auch die gewürdigt werden, die beigetragen haben, auch wenn sie nicht auf dem Treppchen stehen. Ist es noch gute Konkurrenz, wenn welche allein wegen der Verhältnisse immer die Asse auf der Hand haben? Und wieso sollten sie sich dann in der Sache anstrengen, wenn Pflege von Markt-Macht mehr bringt? Unfaire Regeln führen oft zur Ausbeutung anderer und zur Plünderung von Ressourcen bis hin zur Vernichtung. Zu oft wird auch auf großen Bühnen Konkurrenz durch ausbeuterische Machtverhältnisse ausgehebelt. Kapitalismus und marktwirtschaftliche Konkurrenz erschienen lange als zwei Seiten derselben Medaille. Doch scheint ungeregelter Kapitalismus durch Machtkonzentration gute Konkurrenz langfristig auszuschalten. Berechtigen Macht und Eigentum zur Verschwendung der Ressourcen aller? Unter anständigen Verhältnissen müssten sich indigene Völker nicht Vertreibung und Verwüstung ihrer Lebensgrundlagen gefallen lassen, würden Meere nicht leergefischt und Flüsse nicht vergiftet werden.

Im Guten trägt Konkurrenz zu Effizienz und Effektivität bei, sorgt dafür, dass die Verfügung über Ressourcen dorthin wandert, wo diese sinnvoll genutzt und geschützt werden. Doch unregulierte Märkte leisten das nicht. Und die angeblich so förderliche Konkurrenz in Effizienz und Effektivität frisst ihre Kinder[48]. Dynamiken, die sich niemand wünschen kann, scheinen sich zu verselbständigen. Kommen z.B. die Fortschritte landwirtschaftlicher Erzeugung der Qualität von Lebensmitteln für alle oder der Erhaltung der Ressourcen zugute? Sehen sich nicht die meisten Landwirte zu unvernünftiger Größe ihrer Betriebe und schädlichen Produktionsweisen gezwungen? Sind mehr Effizienz, mehr Effektivität oder mehr Größe von Vorteil? Oder frisst wirtschaftlicher Druck unguter Konkurrenz allen Erzeugern und der Umwelt diese Vorteile weg?

Am Ende scheinen sich die Gesetzmäßigkeiten ausbeuterischer und entwürdigender Konkurrenz durch das Zusammenspiel vieler verselbständigt zu haben. Wer an die Wand gedrückt wird, meint andere an die Wand drücken zu müssen, um sich Luft zu verschaffen. Und zu leicht sieht sich jeder nur als Opfer, meint sich nur zu schützen, obwohl Mittäterschaft auch richtig ist. Zum Glück gibt es Ausnahmen, doch können diese zum Umlenken des Mainstreams führen? Welche persönlichen Mentalitäten, welche Politik, welche

---

[48] B. Schmid: Besser - Schneller - Schlanker. Effizienzfallen für Professionelle, Vortrag, Gesellschaft für Weiterbildung und Supervision (GWS).

Rechtsysteme, welche internationale Zusammenarbeit auch zwischen Konkurrenten brauchen wir dafür?

Es gibt keinen Rückweg in eine Art Neo-Biedermeier. Immerhin mehren sich Stimmen selbst aus den Hochburgen des Kapitalismus, die Konzernlenker ermahnen, über die Gemeinwohlverantwortung ihres Wirtschaftens nachzudenken. Und wir sollten uns in verantwortungsvoller Konkurrenz üben, wozu ein gewisses Maß an Bescheidung, Rücksichtnahme und gegenseitiges Wohlwollen bei allem Wettbewerb beitragen kann.

39. Kreativität

*„Ich bin davon über-
zeugt, dass ungefähr
die Hälfte dessen,
was den Unterschied
zwischen
erfolgreichen und
nicht-erfolgreichen
Unternehmern
ausmacht, reine
Beharrlichkeit ist."*

(Steve Jobs)

Jeder kann singen, sagen manche Musikpädagogen. Ja, schon, aber bloß wie? Jeder sei kreativ, sagen manche Menschenfreunde. Ja, schon, man merkt es bloß nicht immer so richtig. Ist dann Kreativität bloß verschüttet, wie manche in der Romantik der 1968-Ära annahmen? Muss sie freigelegt werden? Ich fürchte, dass mit solchen gut gemeinten Fiktionen Unaufrichtigkeit bestärkt wird, z.b. bei Führungsfiguren. Dürfen sie sich ehrlich und erkennbar fragen, wie kreativ sie wirklich sind? Im Innersten wissen sie vielleicht, dass ihnen nicht viel einfällt. Dennoch fühlen sie sich einem kreativen und strategisch klugen Image verpflichtet, insbesondere, wenn Privilegien damit gerechtfertigt werden. Ist es ein Gewinn, wenn sich z.b. Dienstleistungsanbieter verpflichtet fühlen, überall NEU drauf zu stempeln, auch wenn es sich um alte Bytes auf neuen Datenträgern handelt. Kennen sie sich nicht aus, oder verwirren sie bewusst mit kreativen Etiketten?

Braucht man überhaupt ein kreatives Selbstverständnis?

Das menschliche Gehirn sei in erster Linie dazu da, uns zu beschützen, also uns überleben zu lassen und uns gesund zu erhalten. Schon dazu müssen wir uns an sich verändernde Lebensbedingungen anpassen können. Um gesund bleiben zu können, brauchen wir das Gefühl, uns auszukennen, wertgeschätzt zu werden und wirksam zu sein. Neuere Studien zum Herzinfarktrisiko kommen z.b. zu dem Schluss, dass Gene, Ernährung, Sport und Lebensweise zusammen nicht einmal 50% aufklären. Der Rest scheint viel mit Selbstwirksamkeit zu tun zu haben. Aber wie viel Kreativität braucht man für Selbstwirksamkeit? Muss man dazu

Neues produzieren? Ist Wiederentdeckung und Erhaltung von Leben und Kultur nicht schöpferisch genug?

Und muss Kreativität ein Merkmal jedes Einzelnen sein oder reicht auch ein Beitrag zu einem schöpferischen Feld? Dieses braucht ja auch Sachkundige, Umsetzer, Verwaltungs-, Führungs- und Kulturpflegefunktionen verschiedener Art. Wir haben in Deutschland ohnehin kaum ein Ideen- und Erkenntnisdefizit, sondern eher ein Umsetzungsdefizit.

Ist Angst ein Gegenspieler von Kreativität? Sicher ist wichtig, Kreativität nicht durch Angst zu behindern, denn unter Angst fallen die meisten auf Schemata zurück. Aber die Annahme, dass zufriedene Menschen mit glücklicher Kindheit auch die schöpferischen sind, kann auch nicht gehalten werden. Zum Beispiel gehöre zur jüdisch-religiösen Gestimmtheit die Unzufriedenheit. Juden seien chronisch nicht zufrieden damit, wie es ist, das aber in einer produktiven Weise. Vielleicht liegt darin das Geheimnis der beeindruckenden Leistungen aus diesem Kulturkreis. Mehr als eine schön-gefärbte Beziehung zur Kreativität brauchen wir ein konstruktives Klima, um mit Unzufriedenheit umzugehen?

Wann ist man überhaupt kreativ? Sind es die schrägen Einfälle? Manchmal ja. Doch vieles kommt einem dann doch an den Haaren herbeigezogen vor oder wirkt eher wie gefällige Selbstinszenierung. Viele haben besondere Momente und Erleuchtungen, kommen aber nicht dazu, daraus Programm zu machen oder gar Identität. Kreativität basiert immer auch auf

Können und Erfahrung. Kreative Leistungen bedeuten eher eine neue Variante, eine mentale Mutation, einen Perspektivenwechsel, eine Kontextverschiebung. Es sind nicht unbedingt die neuen Dinge, sondern die neuen Perspektiven auf die Dinge, in denen sich Kreativität zeigt.

„Kreativität meint nicht unbedingt jeden Tag eine neue Idee, sondern viel öfter eine brennende Frage, zu der über lange Zeit jeden Tag neue Antworten gesucht werden".[49]

---

[49] Das CERN. Ein Weltbild auf Kollisionskurs? Die Physikerin Felicitas Pauss im Gespräch mit Nathalie Wappler in Sternstunde Philosophie SF Kultur 14.11.2010. www.srf.ch/sternstunde-philosophie.

40. Wie wir unsere Zeit verbringen

Philosophieren heißt über wesentliche Fragen des Lebens nachdenken. Sich besinnen meint, gute Fragen in sich zu bewegen.

Welche Fragen?

Ich könnte nach philosophischer Gewohnheit anfangen mit der Frage: *Was ist der Mensch?* Doch beginne ich lieber mit der Frage: Wie *streben Menschen nach Glück?* Neulich hörte ich einen Philosophen sagen: *Glück meint gehobenes Leben!* Persönliches Glück fragt also danach, wie die eigene Existenz, wie das gelebte Leben als erhoben angesehen und gefühlt werden kann. Dafür ein Hinweis zu der Art von Fragen, denen ich nachzugehen suche. Da sind Fragen nach Eigenschaften: *Was ist der Sinn von…, oder: Was ist Seele? Was macht mich am Ende mit meinem Leben zufrieden? Welche höhere Macht wirkt auf meine Entwicklung und was braucht es, um sich mit ihr ins Benehmen zu setzen?* Fragen nach Eigenschaften, Zielen und Ursache-Wirkungszusammenhängen entsprechend unseren gelernten Fragegewohnheiten. Dabei verfangen wir uns leicht darin. Hilfreicher sind jedoch meist Fragen, die mehr Prozesse, Beziehungen und persönliche Erfahrungen adressieren. Gute Fragen zielen meist nicht auf eine direkte Antwort, sondern helfen uns, von Sackgassen und Nebenwegen auf offene Hauptwege des persönlich bedeutsamen Sinnierens zurückzulenken. Also statt der Frage: *Was ist der Sinn des Lebens?*

Fragen wie: *Wie, wann wobei und mit wem erlebe ich Sinn? Wie kann ich erfahrungsgemäß meinem Erleben und Tun Sinn verleihen? Welches Sinnieren und welcher Austausch darüber geben mir wirklich etwas?* Oder statt Fragen: *Was ist die Seele? Woher kommt sie? Und wohin geht sie?*

Fragen danach: *Wann erlebe ich mich als beseelt? Wann, wobei und mit wem langweilt sich meine Seele und wie gehe ich damit um? Welche Bilder und welche Erfahrungen stellen sich bei mir ein, wenn ich meine Aufmerksamkeit auf seelisch bedeutsame Erfahrungen ausrichte?*

Statt der Frage: *Was sind die richtigen Ziele im Leben und welches die richtigen Wege?* Eher Fragen: *In welcher Weise bemerke ich seelisch Berührendes und tausche mich mit anderen darüber aus? Wie versuche ich den Stellenwert für mich und mein Leben zu bestimmen?*[50]

Was tue ich als Folge solcher Erfahrungen? Wie lerne ich dazu?

Wonach suchen?

Es geht schon auch darum, inhaltliche Antworten zu finden und diese zu Weltanschauungen und Lebens-

---

[50] Mein Bild von der Seele (siehe Kap. 37 – Egotunnel).

152

weisen auszubauen. Wichtiger ist aber, dabei in hilfreiche und aufrichtige Auseinandersetzungen zu finden, darum, nach lebendigen Fließgleichgewichten zu fragen, zu bemerken und umzusteuern, wenn man sich in unfruchtbaren, schematischen und polarisierenden Einstellungen verfangen hat, wenn man ideologisch wird, statt aufmerksam und aufgeschlossen Erfahrung zu studieren und sich auf Lernen einzulassen. Dabei mag durchaus wichtig sein, mit welchen Inhalten man sich beschäftigt. Doch ist vielleicht wichtiger, wie man sich mit Wesentlichem beschäftigt, aus welchen Perspektiven und mit welchen Erkenntnis-Instrumenten man Erfahrung zu gewinnen, zu beschreiben und zu beurteilen sucht. Wenn man immer mit dem Mikroskop sucht, kann man Zusammenhänge, die nur im Weitwinkel zu sehen sind, nicht erkennen. Wenn man Identität im Trubel gesellschaftlicher Ereignisse sucht, können einem die feineren Bilder, die das Eigene[51] zeichnen, entgehen. Umgekehrt kann man wesentliche Weltbezüge verpassen, wenn man sich zu sehr auf den eigenen Bauchnabel konzentriert.

Biographischer Hintergrund

Woran orientiert man sich letztlich als biographisch geprägtes Wesen? Mein Vater hat mir wenige ausdrückliche Botschaften mit auf den Weg gegeben.

---

[51] B. Schmid: Das Eigene finden. Professionelle Begegnung und Persönlichkeitsentwicklung im Beruf - eine systemische Sicht. Fragen zur Selbsterkundung, eigene Spuren im Beruf.

Doch erinnere ich mich an einen mit Pathos vorgetragenen Spruch: *Du kannst im Leben tun, was Du willst. Du musst es nur selber bezahlen.* Ich begriff das nicht als Erlaubnis, sondern vermisste großzügige Unterstützung z.B. angesichts bedrückender Schulleistungen. Heute kann ich seine Botschaft anders lesen und mit meinem Werdegang sinnvoll verbinden. Meine Mutter ergänzte bei einer mir nicht mehr erinnerbaren Gelegenheit mit einer für ihre Verhältnisse überraschend emotionalen Zuschreibung: *Du bist aber tüchtig!*

Also habe ich ab dem 3. Semester meinen Lebensunterhalt selbst verdient. Auch habe ich immer genau das gemacht, was ich wollte und dafür selbst bezahlt. Und letztlich war ich damit erfolgreich. Und ich hatte immer genug übrig, um an Großzügigkeit der Welt gegenüber nachzuholen, was ich an meinem Vater vermisst habe. Ob und für wen das letztlich gut ist, muss sich erst zeigen.

Verantwortung

Immerhin bleibe ich einer Familientradition treu: Ich unternehme was und investiere gerne, aber nur, wenn ich meine zu verstehen, was gespielt wird und ich mein Engagement verantworten kann. Folglich schlagen wir manche verlockende Angebote aus, auch wenn sie zunächst vorteilhaft erscheinen. Das liegt nicht nur an unseren Werten. Auch mir sind Begehrlichkeiten nicht fremd. Doch zu den Skrupeln kommt schlicht die Erfahrung, dass Solidität letztlich mehr bringt, zumindest an Würde, meist aber auch an nachhaltigem Erfolg. Aber es kostet immer wieder Kraft, bis wir klarsehen und unsere Kräfte konzentrieren können.

Reden und Tun

After all, what is said and done, there is much more said than done! Dieser Spruch auf einem Plakat im Büro von Mary Anne Kübel, der Gründerin des Odenwaldinstituts, ist mir als jungem Professionellen geblieben. Wie wahr. Und wie oft wird begeistertes Gerede mit Tun, werden schöne Pläne mit konkreten Aktivitäten, Ausstattungen und Kompetenzen verwechselt. Es hat auch Vorteile, wenn man mit eigenen Ressourcen wirklich haushalten muss. Dann lohnt es sich, aus Fehlern zu lernen, eben weil man Nichtlernen selbst bezahlt. Manch einem täte das gut.

Was ist genug?

Zufriedenheit ist natürlich auch eine Frage der Erwartungen und Maßstäbe. *Wer mit genug nicht zufrieden ist, dem ist nichts genug.* Oder: *Willst Du immer weiter schweifen, sieh das Gute liegt so nah! Lerne nur das Glück begreifen, denn das Glück ist immer da.* Solche Volksweisheiten weisen darauf hin, dass es vielleicht eher um Genügsamkeit und um Dankbarkeit geht als um MEHR und BESSER![52]

Aber man soll auch mit seinen Talenten wuchern, ergreifen, was einem das Leben bietet und aus allem das Beste machen.

---

[52] Besser - Schneller - Schlanker. Effizienzfallen für Professionelle.

Vergleiche

Maßstäbe haben viel mit Vergleich zu tun. Mit wem vergleicht man sich? Man sagt so leicht, man solle sich nicht vergleichen, sondern für sich selbst nach dem Richtigen sehen. Wenn man aus einer gierigen Strebung Ausschau hält, aus einer neidischen oder herablassenden Perspektive vergleicht, dann ist das vermutlich einem erhebenden Lebensgefühl wenig zuträglich. Aber man kann auch das eigene Dasein auf erhebende Weise abgleichen, mit solchen, die uns etwas voraus oder etwas Eigenes haben, an dem wir uns zu verorten suchen, sei es um dem nachzueifern oder uns in gegenseitiger Wertschätzung auf anderes zu besinnen. *Die Begegnung mit dem Andersartigen dynamisiert die*

Eigenart (Rupert Lay). Wichtig ist, dass das Vergleichen nicht blendet oder erniedrigt, sondern Vergleiche wach und wenn möglich hellsichtig für den eigenen Weg machen.

Urteilsfähig?

Und wie wird man urteilsfähig? Wann werden einem kompetente und aufrichtige Beurteilungen zugetraut? Begegnet man den Menschen und der Welt ohne zu beschönigen, zu verachten oder zu bemitleiden - die „freundlichere Form der Verachtung"? Ist man vom eigenen Werden gerührt, ohne zu sentimental zu werden oder sich selbst zu verklären? Ist man realistisch, ohne die Dinge zu banalisieren? Unentwickelte „Musikalität" für Erhabenes kann die Welt zu „eintönig" erscheinen lassen. Enttäuschungen können zu Zynismus führen, gerade bei Idealisten? Sieht man sich zu viel nach und lernt deshalb zu wenig Lebenskunst? *Eigentlich bin ich ganz anders, komme aber leider meist nicht dazu!* Oder ist man perfektionistisch und mäkelt an allem herum? Dagegen hilft die Einstellung: *Immer wieder ein Beispiel davon zu geben, wie man sein könnte, ist schon viel.* Erwartet man das Heil von anderen oder trägt man zum Heil selbst bei?

Lebensmotto

Mein Motto: *Wenn Du etwas in unserer Welt vermisst, sorge mit dafür, dass es in die Welt kommt.*« Ich habe für Jammern und das Beklagen von Mangel nie viel übriggehabt. Mich berührt, wenn jemand auch mit Beeinträchtigungen seinen Lebensweg eigenverantwortlich und mutig zu gehen versucht, sich nicht unnötig mit Defiziten beschäftigt, sondern aus dem Holz, aus dem er nun mal gewachsen ist, etwas Taugliches macht. [53] Das Motto meiner Frau*: Möglichst jeden Menschen, jede Situation ein wenig besser verlassen als man sie angetroffen hat!*

---

[53] Psychotherapie, Coaching & Organisationsberatung – Interview mit Dr. Bernd Schmid (psyche-und-arbeit.de).

Es gibt eben auch nicht die fertigen Maßstäbe, sondern sie müssen zu einem passend parallel mitentwickelt werden. Von Gunther Schmidt stammt die Losung: *Erhobenen Hauptes den eigenen Stern im Blick und die Füße am Boden, bereit, sein Leben als eine Serie zweitbester Lösungen zu leben, - so kommt man gut voran!*

Erhobenes Leben?

Selbst wenn man auf Selbsterhebung durch Abgrenzung von anderen verzichtet, bleibt der Versuch der Selbstverortung durch Abgleich, z.B. die Unterscheidung vom Tier. Auch mich hat immer wieder beschäftigt, inwiefern wir Menschen uns von den anderen Tieren unterscheiden.

Anders als manchen, fällt mir nicht schwer, mich als Tier und eingebunden in die biologische Evolution zu sehen, mein vielleicht höheres Menschsein an meine Biologie gebunden zu akzeptieren. Viele Versuche, dennoch kategoriale Unterschiede zu anderen Tieren herzustellen, haben sich als unhaltbar erwiesen. Hiervon handelt Kapitel 17.

Bleibt dennoch ein Unterschied zu den anderen Tieren? Erstmal Ja! Menschen können Ich-Bewusstsein in einem Maß entwickeln, das bislang bei anderen Tieren nicht beobachtet wurde. Vielleicht handelt es sich dabei um eine der Evolution innewohnende allgemeine Tendenz, der auch andere Lebewesen folgen. Doch scheinen Menschen da ganz vorne zu liegen.

Endlichkeit

Menschen können sich selbst von außen als Subjekte in Zeit und Raum erkennen. Mit wachsendem Zeitbewusstsein begreifen sie Endlichkeit und damit individuelle Sterblichkeit. Kein Lebewesen will sterben und die Erkenntnis, dass dies bevorsteht erzeugt Angst. Anders als Furcht vor einer aktuellen Bedrohung, gegen die man etwas tun kann, lauert ab dann diese Angst als Gefühl im Hintergrund und scheint auf, wenn die Endlichkeit ins Bewusstsein tritt. Daher entwickeln Menschen Mechanismen, solche Angst bewältigbar zu halten. Dies macht auch Sinn, da diffuse und nicht beherrschbare Angst Lebenskraft und Lebensfreude schwächt.

Selbstwirksamkeit

Selbstwirksamkeit spielt als Gegenerfahrung gegen die Endlichkeit und als Bollwerk gegen die Angst eine wichtige Rolle. Man sucht die eigene Selbstwirksamkeit als Gegenkraft zu spüren und sich dafür mit höheren Kräften zu verbünden, was einem das Gefühl gibt, nicht nur ausgeliefert zu. Dafür beachtet man einerseits Erfahrungen, dass Menschen tatsächlich manches bewirken können. Wo dies infrage steht, bezieht man sich andererseits gerne auf einen Mythos, der einem über Ohnmachtserfahrung hinweghilft. Durch Beschwörungen und Riten gemäß diesem Mythos fühlt man Selbstwirksamkeit. Von der kritiklosen Unterwerfung unter eine Weltordnung, die Trost und Begünstigung oder zumindest ein Durchkommen verspricht über Mischformen von Unterwerfung und Emanzipation bis hin zum Versuch, sich eine unabhängige weltliche und spirituellen Position zu erwerben, sind viele Formen von empfundenem oder magischem Selbstwirksamkeitserwerb zu beobachten. Mit Schmunzeln beobachte ich Leiter, die Kommandos geben, und auch, wenn sich erkennbar nichts ändert, dennoch den Effekt loben. Man glaubt eben gerne an Wirksamkeit und will Unwirksamkeit nicht wahrnehmen - ein geschlossener Kreislauf.

In Sachen magischer Selbstwirksamkeitsvorstellungen habe ich schon in jungen Jahren eine Lektion erhalten:

Ich war Anfang der 1970er Jahre am Lehrstuhl für ein Tutorenprogramm zuständig. Als studentische Hilfskraft musste ich die Materialien selbst mit einer Handbetriebenen Maschine vervielfältigen. Über eine Trommel wurde von einer Schreibmaschinenvorlage auf „Saugpost" vervielfältigt. Gab es Störungen, musste aufwändig eine neue Vorlage geschrieben werden. So lernte ich so zu kurbeln, dass es meist für die 600 Exemplare reichte. Da gab es 6 Knöpfe am Gerät, für deren Funktion leider die Gebrauchsanleitung fehlte. Doch durch Ausprobieren hatte ich herausgefunden wie, wann und in welchen Kombinationen diese Knöpfe zu drücken waren, damit ich ein optimales Ergebnis bekam. Ich beherrschte das Gerät wie kein anderer. Dann kam eines Tages ein Wartungsdienst. Ich suchte nun die Bestätigung meiner erarbeiteten Expertise. Doch der Monteur meinte lakonisch: Für den Betrieb, wie Sie ihn haben, sind diese Knöpfe völlig funktionslos.

Kompetenzen

Selbstwirksamkeit erfährt man auch durch den Erwerb von Kompetenzen, zunächst als Weg zum Überleben und zur Erhöhung von Sicherheit, zur Etablierung in einer gesicherten, möglichst höherwertigen Position und zu Privilegien in einer Gemeinschaft. Wo realistische Selbstwirksamkeit nicht so zu erlangen ist, wie das der Bändigung der Ängste und dem Feiern der eigenen Stärkegefühle entgegenkommt, hilft der magische Umgang mit der Welt. Übermächtige Kräfte werden als Gegenüber animistisch belebt, um mit ihnen eine mit den eigenen Kräften gestaltbare und in bekannten Kategorien lernbare Beziehungen eintreten zu können. Vulkane oder Naturescheinungen werden zu Gottheiten, deren Gesetze und Gebote man zu ergründen und deren Gunst man durch ein wohlgefälliges Leben zu erwerben sucht. Wenn man schon keinen eigenen Einfluss auf die Kräfte hat, bemüht man sich doch um Kompetenzen, höhere Mächte rituell zu beeinflussen.

„Spirituelle Geschäftsmodelle"

Manchmal verkümmert Bemühen um Spiritualität zum „Bauspar-Modell". Man zahlt lange ein und erwartet, irgendwann darauf bauen zu können. Nur schade, wenn Verzichte und eingesetzte Ressourcen fehlinvestiert sind. Und das sind sie vermutlich, wenn dafür auf

Lebendigkeit verzichtet wird. Andere setzen auf eine Art Athletentum mit zwanghafter Übung und der Suche nach dem Rezept, den privilegierten Weg zum Heil nicht zu verfehlen und sich spirituelle Privilegien zu verschaffen. Im Extrem sind alle Strebungen falsch. Auch in spiritueller Hinsicht prüfe sich, wer sich bindet, denn viele Wege führen nach Rom, wie auch viele nach Las Vegas führen. Wieder geht es darum, den richtigen Mittelweg zu finden. Das Bündnis einiger Hirtenstämme mit dem Wüstengott *Jachwe* ist ein Beispiel, das als Offenbarungsreligion unter Millionen Menschen Anhänger gefunden und Jahrhunderte Kulturentwicklung geprägt hat. *Jachwe* kann man übersetzen mit: „Ich bin der, der dann da sein wird". Das Göttliche entzieht sich menschlicher Berechnung und lässt sich weder inhaltlich fassen noch durch Riten bestimmen. Man erfährt es als Gnade in Momenten, die man nicht festhalten kann. *Ein Engel geht durch den Raum!* sagt man.

Nichts Absolutes

Sinn muss relativ bleiben in Bezug auf das jeweilige Leben, die jeweiligen Umstände, die jeweilige Zeit. Das ist eine menschliche Grundbedingung. Selbst als absolut erlebte Erfahrungen müssen in dieser Hinsicht offenbleiben. Sie mögen den Betroffenen Gewissheit bieten, nicht jedoch Wahrheit für andere, wollen sie nicht in Gefahr geraten absolutistisch zu entarten. Es sollen Comanchen gewesen sein, die bei allem einen kleinen Fehler ließen bzw. einfügten, weil sie zu wissen glaubten, dass das Streben nach dem Absoluten die Götter erzürnt. Und doch ist nicht alles nur beliebig. Da gibt es Mythen, Rituale und Traditionen, die einen kulturellen Rahmen schaffen. Doch diese unterliegen der Evolution wie alles andere. Kultur ist ein Frische-Produkt und muss immer wieder neu belebt werden. Konserven sind als Ersatz manchmal notwendig. Doch, wenn es lange nichts anderes gibt, werden wir krank.

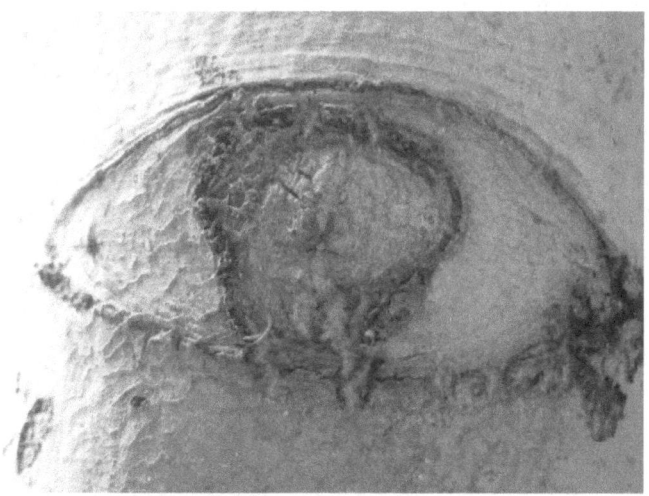

Zentral und bewusst?

Entsprechend unserer Bauart als Wirbeltiere konzipieren wir Lebensprozesse, Steuerung und Kommunikation relativ zentral und mit Tendenz zu einem im Vorderhirn zentralen Bewusstsein. Verschaltung und

Steuerung müssen wir unserem begrenzten Methodenrepertoire entsprechend einfach halten und können Kontextfaktoren und Wechselwirkungen nur begrenzt berücksichtigen. Wir konzipieren Strukturen und Prozesse aus dieser Perspektive. Dass doch alles viel komplexer ist, dringt durchaus in unser Bewusstsein, doch behelfen wir uns meistens mit Begriffen wie Ganzheitlichkeit, sozusagen als Platzhalter für Dinge, die wir ahnen, aber noch nicht kennen oder keine allgemein verständliche Sprache dafür haben. Solche Begriffe helfen weniger als Erklärungen, mehr als Benennung von Ausblicken in noch unbekanntes Terrain. Erstaunlich, wie lange man anders gebaute Wirklichkeiten übersehen kann, weil sie unseren Wahrnehmungs- und Erklärungsschemata nicht entsprechen. Es ist noch nicht lange her, dass man die Leistungsfähigkeit von Vogelgehirnen mit ganz anderer Zellbauweise überhaupt zu Kenntnis genommen hat. Der Oktopus ist mit seinen 9 Gehirnen ganz anders organisiert als Tiere mit Zentralgehirn. Bei Pflanzen entdeckt man Leistungen in der Selbststeuerung und der Kommunikation mit der Mitwelt, die man nur bei vorhandenem Nervensystem erwartet hätte. Nun erforscht man, wie das gehen kann und entdeckt ganze bislang ignorierte Welten.

Neue Perspektiven

Zunehmend kommt ins Bewusstsein, dass sich viele unserer Perspektiven ändern müssen, wenn wir mehr verstehen wollen. Hier Hinweise auf einige Bereiche, für die das gilt: So bewirtschaften auch Pflanzen aktiv ihre Umgebung und gestalten Beziehungen mit anderen Pflanzen, mit Mikroorganismen aller Art.

Die Pandemien haben die Einsicht wachsen lassen, welche Rolle Viren und Bakterien im Leben auf dem Planeten spielen oder, dass Pilze die vielfältigsten Organismen sind und weit mehr Biomasse stellen als alle anderen Organsimen. So ist ein Halimasch-Pilz (Yellowstone Park) möglicherweise das größte Lebewesen mit einer Ausdehnung von vielen Quadratkilometern. Pilze spielen vermutlich eine entscheidende Rolle für die Kommunikation in der Biosphäre. Wenn man bedenkt, dass man vermutlich bislang nur 1% von ihnen einigermaßen kennt, wie man auch von Sphären wie dem Kosmos oder der Tiefsee nur Bruchteile kennt, geschweige denn die Zusammenhänge versteht, dann versteht sich von selbst, dass man zurückhaltend sein sollte, die verfügbaren Erkenntnisse und Beobachtungsschemata zum Maßstab zu erheben und ungebremst in das Leben des Planeten einzugreifen. Vorstellungen von höherem Leben sollte man sich in jeder Hinsicht offenhalten.

Mythen und Kulte

Weil wir so wenig verstehen und uns doch einen Reim auf unsere Existenz machen wollen, sind wir auf Mythen und Kulte angewiesen. Wir müssen damit rechnen, dass sich letztlich jede Erkenntnis nur als zeitgebunden und vorläufig stimmig erweist. Mythen sind Sinnerzählungen. Die Frage nach dem Wahrheitsgehalt ist sekundär. Wichtiger sind Glauben und Ergriffenheit derer, die durch sie verbunden werden sollen. Für Außenstehende sollte eigentlich nur zählen, wie sich die Kulte solcher Glaubensgemeinschaften im Zusammenleben niederschlagen. Doch neigen Menschen dazu, ihren Kult als überlegen über andere aufzuwerten, privilegierte Positionen innerhalb der Kulte oder für ihre Kulte gegenüber anderen anzustreben. So werden Kulte sowie deren wachsende Institutionen für imperiale Entwicklungen und meist dem ursprünglichen Mythos widersprechende Motivation missbraucht. Meist ist nicht der Mythos das Problem und man könnte ihm schadlos mit Toleranz begegnen, sondern dessen Missbrauch. Die Diskussion darüber ist Jahrhunderte alt. Es gibt gängige Mythen und Kulte, die den eigenen Lebensstil begründen. Sich an vorhandene Mythen, Riten und Traditionen anzuschließen, ist für die meisten Menschen auch einfacher und fördernder als sich alles individuell erarbeiten zu wollen. Manch ein „Eigenbau" wirkt da kläglicher als eine ordentlich konfektionierte „Version von der Stange".

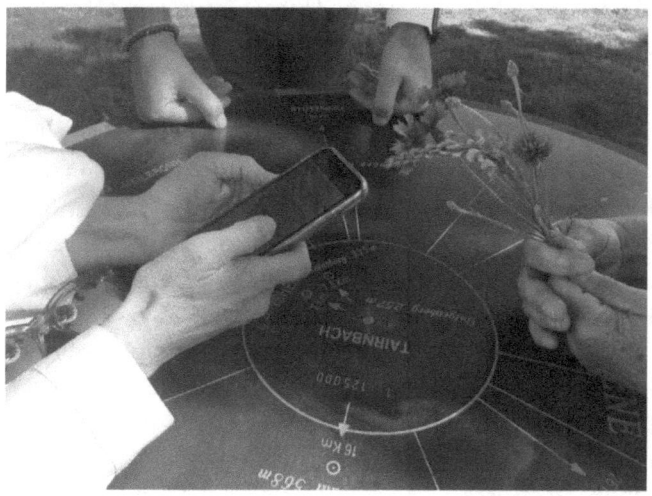

Gewissheit und Ritus

Häufige rituelle Wiederholung von Glaubensbekundungen und Kulthandlungen erzeugen ein Gefühl von Evidenz allein durch Vertrautheit. Häufig wiederholt und gemeinsam zelebriert suggerieren Kulthandlungen Zugehörigkeit und Auserlesenheit. Dies machen sich auch Demagogen z.B. unter Politikern zunutze, indem sie den Glauben ihrer Anhänger durch endlose Wiederholungen ihrer Behauptungen pflegen, sich dabei für Wahrheit oder zumindest Aufrichtigkeit nicht im mindesten interessieren. Leider nehmen Menschen auch zu Kulten Zuflucht, die bei näherer Betrachtung als verdummend und schädlich erkannt werden könnten. Dies mag viele Ursachen haben wie mangelnde Intelligenz, unreflektiertes Machtbegehren oder überwältigende Not oder Verzweiflung, Motive, die Dienerschaft in einem Unrechtssystem erträglich erscheinen lässt.

Animistische Rituale

Auf animistische Rituale aller Art wird viel Zeit und Kraft verwendet und durch empfundene Zugehörigkeiten eine gewisse Geborgenheit suggeriert. Darüber, ob eine andere Grundangst, nämlich Überlebensfähigkeit durch Ausgestoßenwerden zu verlieren hier hineinspielt, kann man spekulieren. An Kulte und Mythologien gebunden zu sein und sich in damit einhergehende gesellschaftliche Ordnungen zu fügen, mag belastend sein, vielleicht aber weniger als ohne all das leben zu müssen. Wege aus der Enge und Hohlheit bestehender Kulte gehen in Richtung Aufklärung einerseits und in Richtung Alternativ-Kulte andererseits. Was dabei was ist, lässt sich nicht immer leicht bestimmen, weil fast jeder Kult höheres und erhebendes Wissen für sich in Anspruch nimmt. Und im Laufe der Geschichte zeigt sich immer wieder, dass vieles, was man für Aufklärung hielt, als Alternativkult einzuordnen ist, während manches, was als Kult abgelegt wurde, auf einem anderen Niveau eine Renaissance erfährt.

Andere Narrative, anderes Leben

Es geht also kaum ohne Kulthaftes im Lebensvollzug, ohne Narrative und Mythen, die Kulte begründen und Riten, mit denen sie gefestigt werden. Das Bedürfnis nach Kulten ist elementar, und Kulte können Ängste vor Bedrängnis und vor unerhobenem und als sinnlos erlebtem Dasein mindern. Misslingt es, höhere Mächte durch Anpassung günstig zu stimmen, so wird einem meist eine Erklärung für diese Erfahrungen geboten und man kann weiter an die Bauprinzipien und Regeln der höheren Mächte glauben.

Für viele Menschen ist es eher verkraftbar, sich als Verlierer zu sehen als überhaupt keine Vorstellung davon zu haben, wie das Leben spielt. Dennoch sollte man sich daran nicht festklammern. Ich wünsche mir eine pluralistische und wohlwollende Einstellung zu

Kulten mit Offenheit und Toleranz für andere Spielarten und dem Bedürfnis anderer Gruppierungen, sie für sich anders auszugestalten und zu entwickeln als man selbst wählen würde.

Sinn

Manche sehen es als eine der Hauptfunktionen des Gehirns an, eine „meaning making machine" zu sein und weisen ihm neben der Sicherung der biologischen und existentiellen Bedürfnisse die Herstellung eines Narrativs, eines persönlichen Mythos vom gehobenen Leben als wichtigste Funktion zu. So versucht jeder Mensch dem Ausgeliefertsein an die Vergänglichkeit und an die Begrenztheit der eigenen Lebensmöglichkeiten irgendeinen Eigen-Sinn oder zumindest einen Platz in einem sinnvollen System entgegenzusetzen. Der Mensch strebt so nach gehobenem Leben, nach einer Erzählung, die ihn über die bloße Existenz erhebt und über Sicherheitsbedürfnisse hinausreicht - vielleicht immanente Kreativität auch ohne Endlichkeitsbewusstsein und Existenzangst[54].

---

[54] B. Schmid/G. Hüther:
Der Innovationsgeist fällt nicht vom Himmel.

Kultur

Zu den Kulten gehören alle Formen von Religionen – auch heutige Staatsreligionen begannen als Sekten. Aber auch Mythen und Riten ohne religiösen Anspruch, die irgendeine Lebensweise erhöhend stilisieren, sind Kulte. Dies mag sich auf dem Bio-Markt, auf dem Sportplatz, im Rotlichtviertel oder im Künstlerlokal, im Showroom eines Autoherstellers oder auf einer Touristik-Messe, auf einem Parteitag oder auf der Jahresversammlung eines Unternehmens zeigen. Kulte können sich zu Kultur im guten Sinne entwickeln und insofern willkommene Erscheinungen einer kulturellen Vielfalt sein.

Sie können aber auch zu allerlei eitlen Selbstinszenierungen oder gar zu Gesinnungsdiktaturen im Schlechten entarten.[55]

Das Erheben des Lebens durch Kulte und Kultur kann also viele Fassetten haben und viele Formen annehmen. Die einen suchen mehr im Bereich von Konsum und gesellschaftlicher Stellung, andere in der Hingabe an irgendetwas Höheres, wieder andere in der Bewirtschaftung ihrer Talente. Manche suchen sie eher in Beziehung zu den Dingen, andere in Beziehungen zu Menschen, die einen in der Zuwendung zur Welt, andere in der Abkehr von Welt usw. Gelebt werden diese Vorlieben zu einem großen Anteil in individuellen und gesellschaftlichen Gewohnheiten. Wenn diese rituell lebendig sind oder immer wieder werden, können sie einem wesentlichen Mythos dienen.
Oft bleiben aber nur Gewohnheiten übrig, die von vielen als leblos empfunden, aber dennoch aus Unbewusstheit oder Einfallslosigkeit übernommen und fortgeschrieben werden.

---

[55] B. Schmid: Kult oder Kultur? Was geschieht im Coaching?

Eifer und Gelassenheit

Gerne würden die meisten Menschen eine überlegene Kultur ausmachen und lebendige Teilhabe daran suchen. Doch hat jemand den besseren Mythos, die besseren Rituale und Vorstellungen vom Leben, die für die eigene Entwicklung oder die Evolution wertvoll sein müssten? Ja und nein, je nach gewachsener Lebensperspektive, gewählten Werten und Kulturvorstellungen. Man muss bei aller Offenheit irgendwie eine Wahl treffen. Das Gewählte wird dadurch nicht wahr, aber um Ehrlichkeit bemüht zu sein, wertet es auf. Ob es zum richtigen Ziel führt, weiß keiner, aber es kann ein gehobenes Leben auf vertretbare Weise so gelebt werden. Bei aller Pluralität und Offenheit ist es zulässig und als Lebensform geboten, sich in einem Kult, in einer Kultur zu beheimaten. Da jeder nur ein

Leben hat, sollte er soviel Freiheit wie möglich haben, wie und mit wem er seine Tage verbringen will. Im Alltag trifft man zu Recht eine Auswahl, wie und mit wem im Rahmen welchen Mythos' und welcher Kultur man seine Zeit verbringt, möglichst ohne Schmarotzertum und hegemoniale Dominanz anderen Anschauungen und Kulturen gegenüber.

Wohin?

Vielleicht müssen wir die großen Zielrichtungen und Fragen des Lebens darauf reduzieren, wie wir unsere Tage verbringen, als Erkenntnis auch nicht neu, aber immer wieder herausfordernd.

Der Portugiese Pessoa[56] drückt dies im Buch der Unruhe so aus:

Ich betrachte das Leben als eine Herberge, in der ich verweilen muss, bis die Postkutsche des Abgrunds eintrifft. Ich weiß nicht, wohin sie mich bringen wird, denn ich weiß nichts. ... Für uns alle werden der Abend und die Postkutsche kommen. Ich genieße die Brise, die mir vergönnt ist, und die Seele, die man mir gab, um sie zu genießen, und ich hinterfrage nicht weiter noch suche ich. Wenn das, was ich ins Buch der Reisenden schreibe, eines Tages von anderen gelesen wird und sie während ihrer Rast unterhält, soll es gut

[56] www.getabstract.com/de/zusammenfassung/das-buch-der-unruhe-des-hilfsbuchhalters-bernardo-soares/6847

sein. Lesen sie es aber nicht und finden kein Vergnügen daran, ist es auch gut.

Ich habe die Erfahrung gemacht, dass es Menschen gibt, die dieses Bild von Pessoa als düster empfinden. Mir selbst geht es nicht so. Neben dem, dass es wichtig ist, seinem Leben einen Sinn und etwas Einzigartiges abzugewinnen, spricht dieser Text davon, dass man sich mit der Wichtigkeit der eigenen Weisheiten nicht übernehmen sollte und dass es am Ende befreien und fröhlich machen kann, solche Bemühungen auch wieder loszulassen. Es gibt viele Möglichkeiten, die eigene Seele vergnügt zu halten.

KULTUR ENTSTEHT
DURCH KULTUR

isb - mehr als Weiterbildung

Das **isb** (**Institut für systemische Beratung**, Leitung: Thorsten, Veith) steht als Fachinstitut für Professions-, Organisations- und Kulturentwicklung seit 1984 für hochwertige Professionalisierung von Fachleuten in Organisationen/Unternehmen und ist dort eines der erfahrensten und renommiertesten Institute. Es qualifiziert Führungs- und Fachkräfte bezüglich der Steuerung von Organisationen in Veränderungsprozessen, in systemischer Beratung und Coaching sowie Organisations- und Kulturentwicklung.

Publikationen, Themenhandouts, Audios, Videos und Arbeitsmaterialien finden Sie kostenfrei auf dem isb-Campus zur eigenen Nutzung: **www.isb-w.eu.** Besuchen Sie auch unsere Internationale Präsenz: **www.isb-w.eu/en**

Die Schmid Stiftung
Partnerorganisation der isb GmbH.

Das spezifische Know-how der isb Absolventen möchte die Stiftung gemeinwohlorientierten Organisationen und Initiativen kostenfrei zur Verfügung stellen. Organisationsentwicklungsthemen im **Non-Profit Bereich.** Somit ist die Stiftung operativ tätig. Sie vergibt keine Fördermittel, sondern entwickelt gemeinsam mit ihren Partnern Projekte.

Aktuelle Veranstaltungen und Themen finden Sie auf der Webseite der Schmid Stiftung, unter: www.schmid-stiftung.org.

Anhang:

Originalton

Sprüche aus dem Institut
von Bernd Schmid 1998

Download:
www.isb-w.eu/campus/de/schrift/Originalton-1998SY0364D

Dieses und weitere ausgewählte Bücher von Bernd Schmid stehen auf dem isb-campus zum Download zur Verfügung. www.isb-w.eu/campus

www.isb-w.eu/campus/Am Zaun

www.isb-w.eu/campus/
persönliche Leitbilder

www.isb-w.eu/campus/
Verantwortung

www.isb-w.eu/campus/
systemische Traumarbeit

www.isb-w.eu/campus/Und-der-
Haifisch-der-hat-Zähne

www.isb-w.eu/campus/
Psychotherapieschulen und
ihre Schlüssel Ideen

www.isb-w.eu/campus/Kultur
und Lernen in Organisationen

www.isb-w.eu/campus/
isb-handbuch

Über den Autor

Dr. phil. Bernd Schmid (Jhg. 1946)
ist Gründer und Leitfigur der isb GmbH
Wiesloch (seit 1984) und der
Schmid Stiftung (seit 2011).

Er war international tätig als Referent, Lern- und Professi-
onskulturentwickler sowie als Unternehmer und Gründer
von Initiativen und Verbänden. Seine Expertise in der Orga-
nisationsentwicklung und im Coaching stellt er heute als
Mentor und Konzeptentwickler an der Schnittstelle von
Profit- und Nonprofit-Unternehmertum bereit.

Schmid ist unter anderem Ehrenmitglied der Systemischen
Gesellschaft und Ehrenvorsitzender im Präsidium des
Deutschen Bundesverbandes Coaching.
Er ist Preisträger des Eric Berne Memorial Awards 2007 der
Internationalen TA-Gesellschaft ITAA, des Wissenschafts-
preises 1988 der Europäischen TA-Gesellschaft EATA sowie
des Life Achievement Awards 2014 der Weiterbildungs-
branche. 2017 ehrte ihn die Deutsche Gesellschaft für
Transaktionsanalyse DGTA für sein Lebenswerk.

Zahlreiche Essays zu persönlichen und professionellen
Themen finden sich unter www.isb-w.eu/Blog

Weitere Veröffentlichungen zum kostenlosen Download
sowie Videos stehen bereit unter:

www.isb-w.eu/campus und
www.youtube.com/user/ISBlearning.

Zeitfracht Medien GmbH
Ferdinand-Jühlke-Straße 7
99095 Erfurt, Deutschland
produktsicherheit@kolibri360.de